酒店服务与管理心理实务

谢永健 主编

TWENTY-FIRST CENTURY
TOURISM MANAGEMENT SERIES

前言

随着我国经济的快速发展，人民生活水平的迅猛提高，民众的消费观念发生了巨大变化，我国旅游业得到了飞速发展。伴随着旅游业的飞速发展，我国酒店业的发展突飞猛进，成为服务业重要支柱。但是，我国酒店服务与管理的水平与国际先进水平之间存在着明显的差距，酒店集团之间对于人才的竞争日趋激烈。这就对高校旅游酒店管理专业人才培养提出了更高的要求。作为酒店服务与管理人才培养的重要内容，“酒店服务与管理心理”课程教学在各高校都得到重视，也出版了不少相关教材。

本书针对高职高专教育的特点，注重与酒店企业工作岗位的实际需要相结合，充分体现实用性和针对性；同时，本书的编写又是基于多年酒店管理专业的一体化教学改革实践，充分反映“酒店服务与管理心理”课程教学改革成果，并且作为校本教材得到了四届酒店管理专业学生使用后的肯定。

本书编写的基本思路是简单介绍心理学基础知识，将心理学的相关理论融入到酒店服务与管理实践中，采用大量案例、情境、图表、提问等灵活多样、生动活泼的形式化解生涩难懂的心理学理论，注重训练提高学习者在酒店服务与管理方面的实际解决问题的能力。在结构安排上，每篇都设置有“学习基础”“学习目标”“工作任务”“实施计划”“项目实施”“案例分析”“疑难问题”“学习评价”“学习拓展”等环节，颠覆了传统的教材编写体例，按照一体化教学改革的模式安排教学内容，以培养学生主动学习、勤于思考和解决实际问题的能力。

全书共分三篇、二十个学习项目。第一篇为顾客心理分析与服务应对，安排有十个学习项目；第二篇为员工心理分析与行为控制，安排有六个学习项目；第三篇为团队心理分析与员工管理，安排有四个学习项目。本书可供应用型本科、高职高专旅游管理和酒店管理专业使用，也可为酒店管理人员的业务学习选用。

本书由江西工业贸易职业技术学院谢永健主编并统稿，第一篇由谢永健编写，第二篇由谢永健和刘讯编写，第三篇由谢永健和潘文一编写。本书编写过程中得到了江西工业贸易职业技术学院旅游系相关老师的帮助和指导，参阅了国内外旅游心理学、酒店心理学等领域的一些教材、著作以及网站，并引用了其中的有关资料，在此，谨向这些文献资料的作者致以诚挚的谢意。书中如有疏漏不当之处，敬请专家和读者不吝赐教。

编　者

2018 年 8 月

目　录

第一篇　顾客心理分析与服务应对

第二篇　员工心理分析与行为控制

第三篇　团队心理分析与员工管理

第一篇　顾客心理分析与服务应对

学习基础

学生已经在第一学期和第二学期学习了“前厅服务与运行管理”“客房服务与运行管理”“餐饮服务与运行”“康乐服务与运行管理”等相关课程，掌握了酒店服务与管理相关的知识与技能，培养了酒店服务与管理理念，以及初步理解了提高服务与管理的质量、分析顾客心理，才能提供有针对性的服务和制定有针对性的管理措施。

学习目标

学习完本课程后，学生应当对顾客心理分析与应对有一个完整的认识，掌握并运用所学心理知识解决酒店服务实际问题的基本方法，具体如下：

(1) 认知心理学的基础知识，了解心理学的概念，认知心理现象的构成要素和心理现象产生的机制；

(2) 充分认知学习心理学对酒店服务与管理的重要性；

(3) 分析影响顾客消费的因素和做出购买决策的因素；

(4) 分析顾客的个性、感知、情绪、情感、需要、动机、态度等心理因素的特点，学会针对不同顾客的特点提供相应的优质服务；

(5) 分析顾客投诉的心理及处理投诉的策略；

(6) 掌握为顾客提供优质服务的心理特点及技巧。

工作任务

认识顾客的心理，明确服务应对策略

完成该项工作的过程：首先，要求学生认知心理学的基础知识，理解心理、心理现象、心理过程、心理服务、心理管理等概念，充分认识学习心理学对酒店服务与管理的意义；其次，分析顾客的感知、情绪情感、个性、需要、动机、态度、性别、年龄、社会阶层、社会群体等心理因素对消费行为的影响；最后，掌握相应的服务应对策略。

在学习顾客心理分析与服务应对过程中，要求学生将前面所掌握的酒店服务与运行管理的技能与正在学习的心理学知识相融合，运用所学心理学知识解决酒店服务与管理的实际问题；同时还要求学生具备良好的职业意识，更多地站在顾客的角度分析顾客的心理，切实解决顾客的实际问题，提供优质服务。

实施计划

(1) 了解任务内容。

(2) 根据工作任务内容制定工作计划。

(3) 实施计划，进行操作过程记录。

(4) 学生分组评价自己和其他组的优缺点。

(5) 老师讲评工作过程的不足之处和注意事项。

项目的实施

项目一　认知心理基础知识

一、认知心理的概念，理解心理的本质

讨论：在你的生活中有哪些运用心理学知识的例子？历史上的故事中有哪些运用心理学知识的例子？

心理是指人脑对客观现实的主观反映。

心理的实质：心理是脑的机能，大脑是心理最重要的器官；客观现实是心理反映的材料来源；人的心理是一种能动的反映，这个反映过程会受到人的个性、身体状态等方面的影响。因此，心理的产生是由人脑这个机器对客观现实这个原料进行主观加工的过程，心理现象则是加工的产品。

思考：你认为人与人之间最大的区别是什么？为什么？你是如何理解“知人知面不知心”这句话的？

狼孩的故事

1920 年，印度传教士辛格先生在狼窝里发现了两个小女孩，小的约两岁，大的七八岁。辛格把她们送到了孤儿院，小的很快就死了，大的一直活到 1929 年。人们为她取名卡玛拉，她的生理结构和身体发育同一般儿童没有什么差异，但在心理活动方面却相差甚远。刚到孤儿院时，她不会说话，只能发出单调的声音，像狼一样嚎叫；不会直立行走，而用四肢行走，用双手和膝盖着地休息；不懂得人类的衣食住行；不吃人手里的肉，只吃扔在地板上的肉；害怕强光，但夜间视觉敏锐，所以总在夜间活动，白天靠在墙角睡觉；即使天再冷，她也会撕掉给她穿的衣服；怕水、怕火，从不让洗澡，完全是狼的习性。刚到孤儿院时，卡玛拉的智力只相当于 6 个月婴儿水平，后来经过辛格精心照料和教育，两年后她学会了站立，四年后学会了 6 个词，六年后学会了直立行走，七年后学会了 45 个词。另外，她还学会了用手吃饭，用杯子喝水，能够做一些简单的事情。直到 17 岁她临死时，智力仍然只相当于普通人 4 岁智力水平。

正是因为卡玛拉在心理发育的关键阶段所处的环境是狼的世界，她所接触的客观世界是狼群的而非人类的，虽然她的大脑发育和生理发育跟一般的孩子相差不大，但她的心理发育却远远异于同龄人。

二、认知心理现象

心理现象即人的心理表现，每个人在清醒状态下时刻离不开心理，人们的所有活动都伴随着各种心理现象，它们比大海、天空更浩瀚，极其丰富多彩。尽管心理现象十分复杂，但是从总体上可以将其划分为心理活动过程和个性心理两个基本部分。

心理活动过程是指人在其行为过程中产生和发展变化着的心理现象，是人脑对客观现实反映的过程，并在此过程中协调自身的行为。心理过程可分为三个部分，即认知过程、情绪情感过程和意志过程。

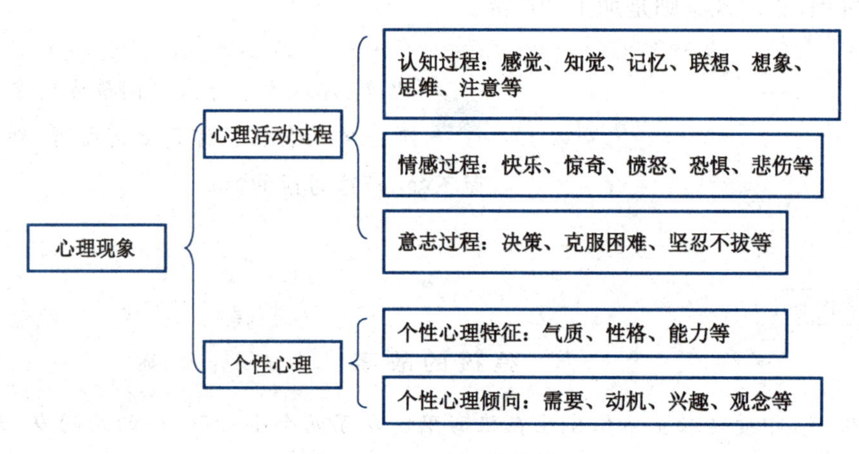

图 1-1　心理现象的构成

人生活在一定的社会和自然环境中，必然首先要对环境产生一定的认识。认知过程就是个体获取知识和运用知识的过程，通过感觉、知觉、记忆、联想、想象、思维、注意等过程对客观事物形成一定的了解。情绪情感过程是个体在认识客观事物时对客观现实产生的态度、感受和体验，如满意、喜欢、开心、气愤、反感、厌恶、惊恐、疑惑、美感等，也就是人们常说的“七情六欲”。意志过程是为了改造客观事物，一个人有意识地提出目标、制订计划、选择方式或方法、克服困难，以达到预期目的的内在心理活动过程，是人类特有的心理现象，它是人类意识能动性的集中表现，与克服困难相联系，主要包括自觉性、果断性、坚韧性和自制性。

认知过程、情绪情感过程和意志过程并不是彼此独立的，而是统一的心理活动过程的不同方面。每个人都会产生这三种心理现象，有时会在短时间内完成这三种心理活动过程。

心理过程是人们共同具有的心理活动。但是，由于每个人的先天素质和后天环境不同，心理过程在产生时又总是带有个人的特征，从而形成了不同的个性：有的人思维敏捷，有的人反应迟钝；有的人处事果断，有的人优柔寡断；有的人沉着冷静，有的人性情急躁。个性心理结构主要包括个性心理倾向性和个性心理特征两个方面。个性心理倾向性反映的是个体态度的方向和强度，它是个体从事活动的基本动力，决定着一个人的行为的方向，主要包括需求、动机、兴趣、理想、信念、价值观和世界观等。个性心理特征是一个人身上经常表现出来的本质的、稳定的心理特点，它是个性心理结构中较稳定的成分，表明一个人典型的心理活动和行为，主要由气质、性格和能力构成。

对于个性心理的研究，是心理学的一项重要内容，对于把握顾客心理、员工自身的心理行为和领导管理心理都具有重要作用。

三、认知心理学

从词源学来说，心理学(psychology)是关于灵魂、心灵、精神的学问。美国心理史学家黧黑说："心理学是人类理解自我的探求。"早在古希腊时期，亚里士多德就著有《论灵魂》，这可以看成是最早出现心理学论述的著作。心理学的正式产生，却要到1879年，以德国心理学家冯特建立世界上第一个心理实验室为标志。正如德国心理学家艾宾浩斯所说："心理学虽有长长的过去，却只有短暂的历史。"

心理学是以人的心理为主要研究对象，是研究心理现象和心理规律的科学。它不仅对心理现象进行描述，更重要的是对心理现象进行说明，以揭示其发生发展规律，同时用以指导人们的实践活动。美国心理学家理查德·格里格说："心理学是一门与人类幸福密切相关的科学。"

心理学的产生标志着人类对自身心理现象认识的深化和发展。随着现代科学技术的进步，心理学在普通心理学的基础上发展出了许多应用心理学科，如教育心理学、管理心理学、服务心理学、犯罪心理学、劳动心理学、消费心理学等，这些应用性心理学在各自的领域得到了广泛的运用，对人类社会的生活和工作起着越来越重要的作用。

心理学发展过程中出现了许多流派，有构造主义心理学派、行为主义心理学派、格式塔学派、精神分析学派、认知学派、人本主义学派等。这里主要介绍影响最大的三个学派。

(一) 精神分析心理学派

精神分析心理学派产生于19世纪末20世纪初，创始人是奥地利的精神病医师、心理学家弗洛伊德，其理论在20世纪20年代广为流传，影响颇大。

弗洛伊德认为，人的重要行为表现是自己意识不到的动机和内心冲突的结果。日常生活中之所以常发生语误、笔误或误读等"错误"现象或动机性遗忘，是由于人们把一些可能使自己觉得痛苦或难为情的想法、冲动或记忆，从意识的境界，经由不知不觉的过程放到潜意识境界，以免意识到此而感到不舒服。但是，这些被压抑的东西并未消失，当意识的自我有松懈时往往会突破阻抗力量，再度浮现到意识境界来，人们潜意识地予以否认，从而造成日常生活中的各种错误。这就是著名的潜意识理论。

弗洛伊德把人格分为本我、自我、超我三个部分，其中本我与生俱来，包括先天本

能与原始欲望，奉行快乐原则；自我由本我分出，处于本我与外部世界之间，对本我进行控制与调节，奉行现实原则；超我是“道德化的我”，包括心理与理想两部分，主要职能是指导自我去限制本我的冲动，奉行至善原则。三者通常处于平衡状态，如果平衡被打破，则导致精神疾病。

精神分析心理学在心理治疗领域受到重视，并取得了实效。

作业1-1：

利用课余时间上网下载20世纪初美国好莱坞大片《爱德华医生》，观看影片后谈谈：爱德华医生为什么会得怪病？潜意识起了怎样的作用？

（二）行为主义心理学派

行为主义心理学派产生于20世纪20年代，其创始人是美国心理学家华生。行为主义心理学的实质是将意识和行为绝对地对立起来。18世纪以来科学的极大发展破除了以前很多想当然的或迷信的东西，神秘主义受到挑战，实证主义空前具有市场。

行为主义的主要观点：心理学不应该研究意识，只应该研究行为。对行为的研究包括刺激和反应两个方面。刺激是指外界环境和身体内部的变化，如光、声音、饥、渴等；反应是指有机体所做的任何外部动作（外部反应）和腺体分泌（内部反应）。新行为主义心理学家斯金纳在巴甫洛夫的经典条件反射基础上提出了操作性条件反射，并通过“斯金纳箱”实验，创立了强化理论，后来在现代学习理论的创立中起到了重要作用。

（三）人本主义心理学派

人本主义心理学派是由美国心理学家马斯洛于20世纪50—60年代创建的。该学派认为精神分析学派研究的人是心理有疾病的，并贬低人性，把意识经验还原为基本趋力；同时又反对行为主义学派把意识看成是副现象，认为把在动物身上得出的结论推及人的心理并不科学，主张研究人的价值和潜能的发展。该学派从探讨人的最高追求和人的价值角度，认为心理学应当改变对一般人或病态人的研究，而成为研究“健康人”的心理学，提出发挥人的创造性动机、发展人的潜能的途径。该学派被称为心理学的第三势力。

人本主义心理学是一门尚在发展的学说，其理论体系还不完备，该学派对人的一些研究还停留在关于人性的抽象议论上，因而不能提示人的心理本质规律。

四、认知服务和管理

（一）服务的内涵

服务是指为他人做事，并使他人从中受益的一种有偿或无偿的活动，不以实物形式而以提供劳动的形式满足他人某种特殊需要。大概可以把服务理解为：服务是人对人的活动；服务主要是满足人的非实物性的需要而产生的；服务是一种经历和过程；服务是一种特殊产品。

（二）管理的内涵

管理是指通过计划、组织、领导、控制等手段，合理调配人力、物力、财力、信息等资源，以期高效达到组织目标的过程。

任何一种管理活动都必须由以下四个基本要素构成，即：管理主体（由谁管）——构建组织机构；管理客体（管什么）——人、财、物等各种资源；组织目的（为何管）——经济效益和社会效益；组织环境或条件（在什么情况下管）——企业的所有活动安排。

作业1-2：

1. 你认为酒店服务与心理有什么关系？
2. 酒店管理跟心理有什么关系？
3. 一家酒店是如何管理的？

五、认知酒店服务与管理心理学的研究对象和意义

酒店服务心理学是基于旅游心理学细分出来的，而旅游心理学作为一门应用型学科产生于20世纪70年代末，美国的学者开始考察研究旅游者行为和旅游业发展规律与心理的关系，揭开了旅游心理学研究的序幕。

随着酒店业的发展，以及高校酒店管理专业的广泛开设，如何将心理学的基本理论、相关知识运用于酒店服务与管理中成为许多学者、专家和企业管理者探讨的问

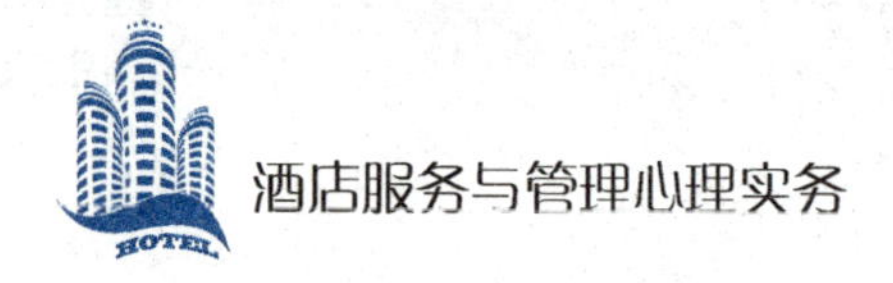

题，于是基于“旅游心理学”产生了很多关于酒店服务与管理心理学应用的研究，并逐步形成了一定的理论体系。

（一）酒店服务与管理心理学的研究内容

酒店服务与管理心理学是心理学在酒店服务与管理活动中的应用，是一门应用心理学，是专门研究酒店服务与管理过程中人的心理和行为及其发展规律的学科。这里的人主要指酒店服务与管理过程中所涉及的三种人，即顾客、服务人员和管理人员，他们在活动中所扮演的角色各不相同，其心理过程和心理特征必然也存在着很大的差异。因此，只有对他们的心理进行深入研究才能更准确地掌握服务与管理的本质，提高服务与管理的质量，促进企业的发展。

酒店服务与管理心理学的研究内容主要包括以下三个方面。

1. 酒店顾客消费心理

酒店顾客作为消费者会表现出普通消费者心理，也会表现出酒店消费者特殊的消费心理特征。酒店开展营销活动和服务活动的直接目的是为顾客提供满意的服务，充分满足顾客的需要，提高客源市场占有率。因此，有必要了解、理解顾客，掌握其顾客的消费心理，预测消费行为，使酒店员工能够根据其特点和需要提供服务，有效提高服务质量。

2. 酒店员工心理

员工是酒店服务的主体，是酒店管理的依靠，只有一流的员工才有一流的服务，才能造就一流的管理，才能创造一流的酒店。一方面，酒店的经营管理活动都会对酒店员工的心理和行为提出一定的要求；另一方面，酒店员工对酒店工作也有一定的心理和行为反应，主要体现在员工的认知、情绪情感、意志、个性、需要、态度、观念和行为表现等方面。这两者之间并不是完全协调的，有时候还有明显的矛盾和冲突。因此，有必要对员工心理进行研究，寻找出协调员工心理与酒店工作要求的方法，既使员工能更高质量地完成工作任务，又能让员工保持积极、健康的心理状态，提高生活的质量。

3. 酒店团队管理心理

酒店是一个劳动密集型的行业，工作团队是由大量服务人员和管理人员构成的，工作过程无法由机器设备替代，服务和经营管理过程很大程度上依靠团队中人员的力量。因此，酒店团队建设和管理心理研究也非常重要。

（二）酒店服务与管理心理学的研究意义

酒店行业的发展以及酒店人才的需求都对酒店服务与管理心理学的研究提出了

更高的要求，促使相关专家和学者进行更加深入的研究。其研究意义主要表现在以下四个方面。

1. 充分掌握和了解顾客心理，有助于提高酒店服务质量

酒店工作人员每天都要接触来自全国各地，甚至世界各地的不同民族、不同职业、不同年龄、不同性别的顾客，他们的生活方式、风俗习惯、宗教信仰等也有很大差异，这些差异致使他们的心理需求千差万别。酒店工作人员只有掌握了顾客的心理活动及特点，提供的服务才能令顾客满意。对一个人的心理规律的把握需要我们进行长期的观察和研究，做一个有心人，在工作中不断总结经验，并把研究的成果运用到酒店服务与管理工作中去，提高酒店服务质量和管理水平。

2. 有利于提高酒店服务人员和管理人员的心理素质，塑造职工健康心理，创建高素质的职业队伍

现代酒店业要求从业人员具有良好的素质，其中就包括职工良好的心理素质，对他人和对自己的心理活动特征的认识、理解和掌握。酒店服务与管理心理学对解决酒店工作人员的职业意识等方面的问题具有重要作用，能有效地帮助酒店工作人员正确认识服务的对象，正确处理客我关系，提高文化和业务水平；能使酒店从业人员增强对生活和事业的信心，掌握处理人际关系和人际沟通的技能，提高工作效率；能全面提高职工的素质，使他们积极主动、富有创造性地去完成服务工作；能学会自我心理分析，能进行自我心理调适，塑造健康心理，以一个良好的心态接待各方来宾。

3. 通过研究团队心理，有利于提高酒店的经营管理水平，提高市场竞争力

酒店服务与管理心理学研究的一个重要内容是酒店团队管理心理，通过研究团队建设和团队管理的心理策略和方法，掌握团队管理规律，有效地利用酒店的人才，掌握酒店员工的需求，激励员工积极进取，发挥员工的才智，为酒店经营管理以及发展贡献力量。

4. 通过对市场消费心理的研究，有利于科学合理地开发酒店服务产品

酒店服务产品的开发首先要为广大酒店消费者所接受。要做到这一点，就要遵循和利用酒店服务心理学的知识，注重研究消费者的心理因素，使消费者在消费活动中在心理上得到充分满足，刺激他们的消费欲望。现代化的酒店为消费者创造方便、舒适的环境，在设施安排上充分考虑消费者的生理和心理特点，最大限度地满足顾客求安全、便捷、舒适、享受的心理需求。酒店产品的开发和创新，一定要考虑酒店消费者的心理活动规律，否则就会事倍功半，浪费人力物力。

六、学习酒店服务与管理心理的方法

跟以前所学的课程相比，本课程的学习需要我们在观念和方法上做一些改变。

(1) 加强概念的理解。心理学的概念往往专业性强，其释义比较生僻难懂，而且有许多心理学名词与生活中的名词字面上相同，但其含义却大相径庭，比如气质、人格等，因此学生需要更加注重概念的理解才能掌握其内在含义。

(2) 多用心思考问题。酒店服务过程中需要员工敏锐观察，用心揣摩观察到的顾客特征和服务现象，结合所学的服务心理知识解决实际问题，为顾客提供优质的服务，为酒店经营管理出谋划策。

(3) 多联系生活实际。因为本课所学的心理学专业知识不会太深入，但较实用，所以在理解这些专业知识时可以多联系生活中的实例，准确掌握其含义。

项目二　顾客的购买决策分析

一、影响顾客购买决策的因素分析

讨论：你个人在决定购买某物品(或接受某服务)时有什么样的考虑?

个体在其购买行为发生前都需要一个做出决策的过程，消费决策内容主要包括购买的标的物是什么、去哪儿购买、什么时间去购买、准备消费多少资金、购买的方式是什么等。决策是一个复杂的过程，包含着许多行为要素，心理是行为的内在根据，而行为是心理活动的外在表现，是心理活动外化的结果。

德国心理学家列温(K. Lewin)认为，行为是个体和周围环境的函数。人的行为主要是受个性特征和环境两方面的影响，不论是个人的特征或环境的特性变化，都会引起行为的变化。其公式表示为

$$B = F(P \cdot E)$$

在公式中，B 表示个体的行为(behavior)，F 表示函数(function)，P 表示个体的

各种特征(personality),E 表示环境(environment)。

由此可以认为,顾客购买决策主要受到两方面因素的影响,即个体因素和环境因素(见图 1-2)。

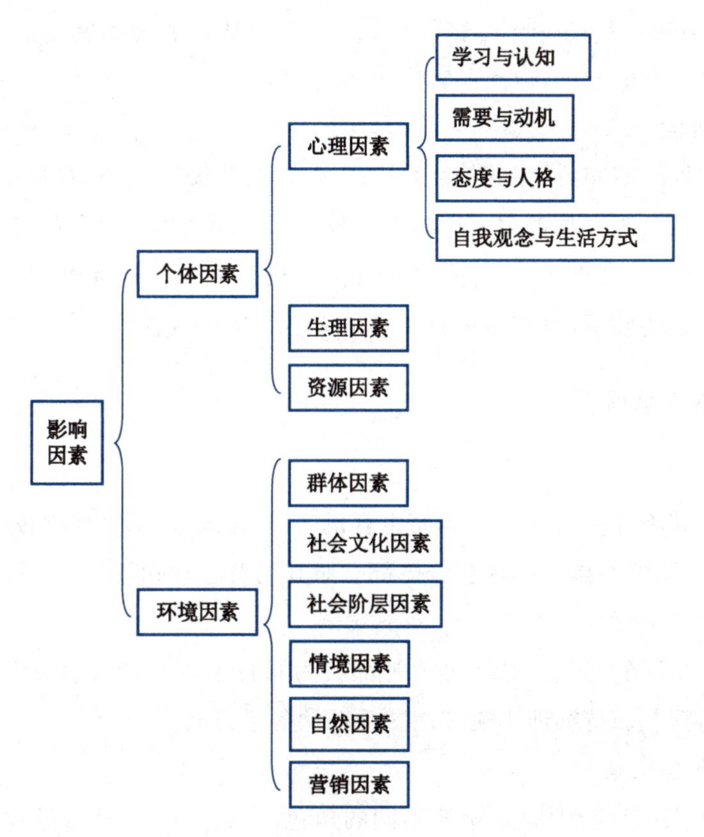

图 1-2　酒店顾客购买行为影响因素

(一) 个体因素

1. 心理因素

顾客的个性特征如气质、性格、能力等是影响购买行为的重要因素。

满足自身需要是顾客消费活动产生的根本原因,顾客的需要在一定条件下转化为消费行为的动机,才能产生消费行为。

顾客在社会生活中形成的观念和态度构成了认识问题的框架,不同的人对待同一个事物有不同的评价,这在一定程度上决定了人们对所购买产品和服务的选择。

顾客的心理活动过程也是影响其消费行为的重要因素。人们购买、消费某类产品或服务的前提是顾客认识到这些服务能够满足其需要,顾客对酒店产品和服务的

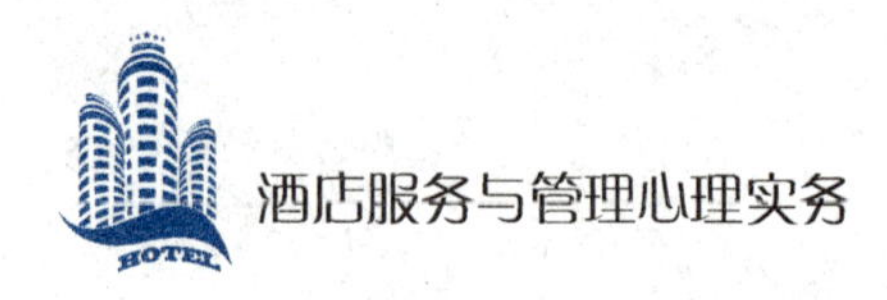

认知以及由此形成的情绪情感就成为做出购买决策的前提之一。

2. 生理因素

诸如年龄、性别、身体状况等生理因素是影响顾客心理从而影响到其购买行为的基础因素。一方面，人的共同生理特征决定了人的基本生理需要；另一方面，顾客生理特征和生理状态的差异，也使顾客产生不同的需求。

3. 资源因素

不同顾客拥有不同的时间资源、知识资源、经济资源，会影响其做出购买什么、如何购买、何时购买、购买花费多少等购买决策。例如，度假顾客在酒店停留时间稍长，但由于是私人消费，会更注重产品和服务的性价比；而商务顾客时间安排很紧凑，更注重产品和服务的质量，对产品和服务的价格不会那么敏感。

（二）外在环境因素

1. 群体因素

顾客总是离不开一些社会群体而生存的，比如职业圈、单位、学校等。他所从属的社会群体，甚至他所排斥的社会群体都会对其消费心理和行为产生一定的影响。

2. 社会文化因素

一个人所生活的时代、国家、民族等都会为其打上深深的社会文化烙印，这种社会文化烙印将深刻而持续地影响其消费活动的各个方面。

3. 社会阶层因素

不同的顾客在社会中总是扮演不同的角色，占据不同的社会地位，处于不同的社会阶层。社会阶层对其成员的行为方式有一定的规范和制约作用，这种制约成为顾客消费的影响因素，在一定条件下，这种制约力量甚至会强大到左右顾客的选择。

4. 情境因素

情境主要是通过当时营造的一种氛围影响到顾客的情绪，从而影响到其消费欲望和购买冲动。

5. 自然因素

自然因素如季节、气候、地理因素等，对酒店顾客的消费与购买行为也有一定的影响。比如，旅游旺季和淡季的消费差异，南北方顾客对酒水消费的差异等。

6. 营销因素

酒店的营销活动，如酒店产品的产品策略、价格策略、地点策略、促销活动等，对顾客的消费选择有较大的影响。

二、顾客购买决策过程分析

在上述影响因素的共同作用下，顾客会做出购买决策，过程如图 1-3 所示。

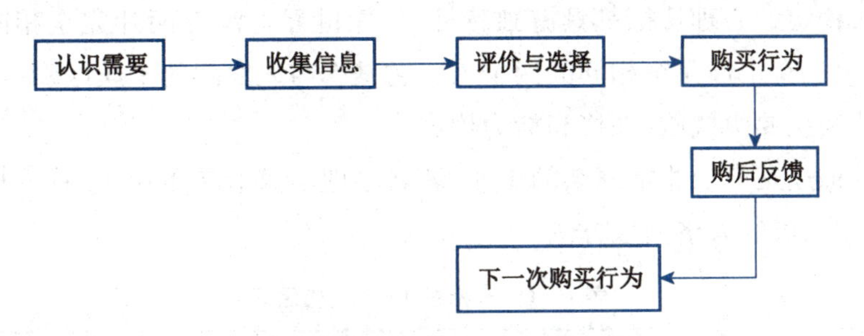

图 1-3　顾客购买决策过程

顾客购买决策的过程既是一种行为过程，也是一种心理过程。它是顾客对酒店产品和服务产生认知并作出购买决定，进而对购买决策实施的过程。顾客这一次的购买消费后的价值判断将对下一次的购买决策产生影响，形成循环。

在以上顾客消费行为决策过程中，我们作为提供服务和管理的一方，可以作出以下反应。

（1）询问顾客的需要、诱导顾客的需要。

（2）提供酒店产品和服务的相关信息。

（3）适当帮助顾客做出决策。

（4）赞赏顾客购买行为、提供购买服务。

（5）跟踪购后反应，提供售后服务。

（6）保持联系，提供下次购买的信息。

项目三　顾客的个性分析与服务应对

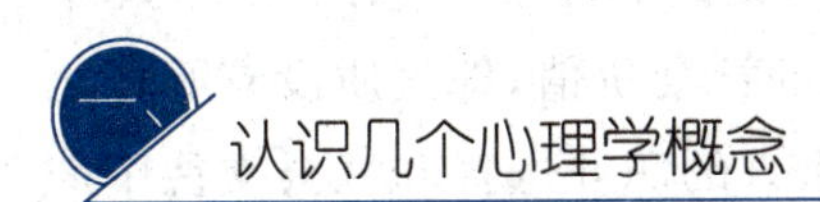

一、认识几个心理学概念

（一）人格（个性）

人格是指在先天因素的基础上，在社会条件的影响下，经过人的活动而形成的稳

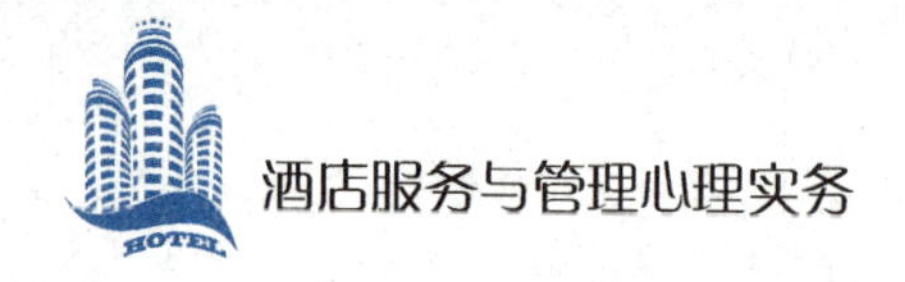

定的心理特征的总和。它决定和折射个体在环境中做出何种反应的内在心理特征。

个性表现在个体对其生存环境中反复出现的刺激和事件表现出的稳定的反应方式。一方面反映了个体与他人的心理活动和行为方式的差异，另一方面反映了同一个人在不同时间、不同情况下行为的相对一致性。

每个人稳定的心理特征都具有独特性，就像世界上没有两片完全相同的树叶一样，世界上也没有个性完全相同的两个人。它是人与人之间的本质区别。

人格特征主要由气质、性格和能力构成。

人格的描述是一项非常复杂的工作，著名心理学家卡特尔用 16 种人格因素来表达，是比较被认可的人格测量方法。

表 1-1　卡特尔 16 种人格因素

乐群性	外向与热心对冷漠与刻薄	怀疑性	怀疑与警觉对信赖与接纳
聪慧性	聪明与抽象思考能力强对愚钝与抽象思考能力弱	幻想性	想象与心不在焉对现实与脚踏实地
稳定性	沉静与情绪稳定对不稳定与易激怒	世故性	老练与精明对坦率与朴实
恃强性	武断与好斗对温顺与随和	忧虑性	不安与焦虑对自信与满足
兴奋性	热情与活泼对冷静与严肃	求新性	思想自由与求新对保守与传统
有恒性	自觉与道德对玩世不恭与漠视规则	独立性	自立与足智多谋对信赖群体与遵从
敢为性	胆大与冒险对退缩与犹豫	自律性	受约束与强迫对任性与松懈
敏感性	富于幻想与敏感对讲求实际与自恃其力	紧张性	紧迫感与紧张对无拘束与沉着镇定

（二）气质

气质是人格中主要由先天遗传因素决定的、与生俱来的、稳定的、典型的心理特征。它使人的心理和行为染上了个人的独特色彩。

气质主要表现为心理活动的两个方面：一是心理活动的动力性，包括心理活动的速度、强度和稳定性，表现为气质的感受性、耐受性、敏捷性、可塑性和情绪的兴奋性；二是心理活动的倾向性，主要表现为气质的外倾性和内倾性。

气质具有高度的稳定性。“江山易改，秉性难移”，指的就是一个人的气质（即平常我们所说的脾气）可塑性很小。气质不决定一个人的社会价值，即气质没有好坏之分，但它的特点会强烈影响一个人的社会适应，在一个人的职业选择和社会交往中产生影响。

（三）性格

性格是个体对客观现实的态度和习惯化的行为方式所表现出的心理特征。这是人最显著的、最重要的个性心理特征。它通过个人对外界事物一贯的倾向性态度、语言、行动等表现出来，如大公无私、善良、勤劳、勇敢、自私、自负、虚伪、浮夸、谦虚、果断、执著等。

性格不是天生的，而是个人在生理因素和气质的基础上，在社会环境影响下，在长期的社会实践活动中逐步形成的。

性格是一个人本质属性的综合，它贯穿于人的全部行为之中，优良的性格对人的发展具有积极的影响，不良的性格对人的发展具有消极的影响，这就是人们常说的“性格决定命运”。

（四）能力

能力是顺利完成某种活动所必须具备的、会影响活动效果的个性心理特征。能力总是和人的某种活动相联系并且表现在活动中。在实际生活中，任何单一的能力都难以胜任某种活动，要成功地完成一项活动，往往需要具备多种能力的协调。

能力可以分为一般能力和特殊能力。一般能力是指完成各项活动都要具备的能力，是认识、理解客观事物并运用知识、经验解决问题的能力，如认识能力、思维能力、

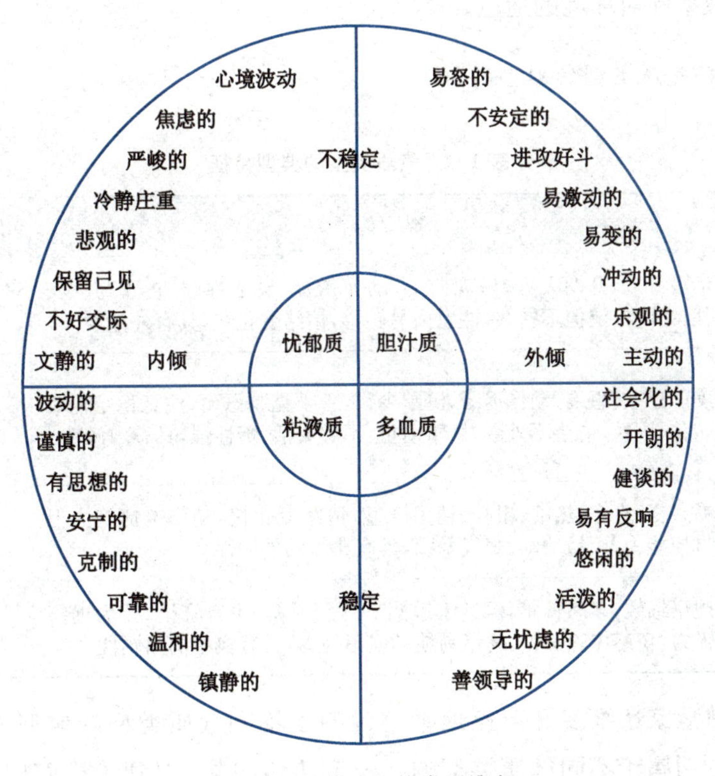

图 1-4　艾森克人格类型维度

操作能力、生存能力、生活能力等。特殊能力是指完成某种专业活动必须具备的能力，如歌唱家、职业运动员、科学家等所具备的常人所不及的特殊能力。

能力有一部分是先天遗传的，还有一部分要靠后天训练培养。

二、顾客的气质分析与服务应对

不同的人具有不同的气质，气质类型有多种分法和提法，公认的是以"四液说"为代表的四种气质类型的分法。早在公元前5世纪，古希腊著名医学家希波克拉特就提出了气质体液说。希波克拉特认为，人体内有血液、黏液、黄胆汁、黑胆汁四种体液。这四种体液协调，人就健康；这四种体液失调，人就生病。他根据人身体内占优势的体液来分类。血液占优势的为多血质，黏液占优势的为黏液质，黄胆汁占优势的为胆汁质，黑胆汁占优势的为抑郁质。后人因此将气质划分为四种类型，即多血质、黏液质、胆汁质和抑郁质。

气质类型没有好坏之分，它只代表着一个人的心理活动的动力特点，但气质会影响人的活动效率和对环境的适应。

（一）四种气质类型的典型特征

表1-2 气质类型的典型特征

气质类型	典型特征	代表人物举例
多血质	活泼好动，开朗大方，乐观向上，动作敏捷、灵活性强，喜欢与人交往，兴趣广泛但不持久，注意力易转移，情绪变化快，具有外倾性	贾宝玉、孙悟空
黏液质	安静稳重，思维、动作迟缓，沉默少言，善于克制忍耐，注意稳定但难转移，固执，情绪不外露，做事慎重，不够灵活、惰性强，具有内倾性	唐僧、沙僧、林冲
胆汁质	易兴奋，直率、热情、粗心、精力旺盛，情绪变化快，动作迅捷有力但自控能力差、易冲动、脾气暴躁，具有典型的外倾性	李逵、张飞、鲁智深
抑郁质	观察细致，多愁善感，但过于敏感、多疑、孤僻，少言寡语，行为迟缓无力，情感体验深刻，情绪易波动但不外露，具有典型的内倾性	林黛玉、妙玉

苏联心理学家达维多娃形象地举例说明了不同气质类型的典型表现：假设有四个典型的分别属于不同气质类型的人一起去看电影，但到了影院门口被门卫挡住不让进，因为他们迟到了。这四个人的典型表现可能是：多血质的人会笑嘻嘻地

与门卫搭讪，以获得门卫的好感并趁机要求进入；黏液质的人可能会按照门卫的指示，规规矩矩地坐在那里等下一场；胆汁质的人可能会与门卫争吵起来，甚至大打出手；抑郁质的人则可能唉声叹气地回家去了，并一路感慨自己老是遇到倒霉的事。

（二）不同气质类型的顾客在酒店消费中的典型行为特征

虽说在生活中属于某一种典型的气质类型的顾客很少见，多数顾客的气质都是多种气质类型的混合体，但我们仍然需要分析不同气质类型的顾客的行为特征，才能采取合适的应对措施来保证提供顾客最满意的产品和服务。

（1）多血质：出场高调，表现欲强，反应敏捷，热心肠，善于与服务人员沟通，爱聊天，掌握较多服务信息，消费中容易成为带头者，有一定的号召力，注意力易转移，对新奇的产品和服务特别感兴趣。

（2）黏液质：消费冷静慎重，不喜欢服务人员对他们介绍太多，喜欢通过自己的观察做出消费决策，反复比较，购买耐心，愿意重复消费熟悉的服务和产品，对新产品和新的服务项目保持谨慎态度。

（3）胆汁质：嗓门大，不拘小节，争强好胜，爱打抱不平，购买冲动，暴躁，没有耐心等待，追求刺激性的消费方式和产品，冒险表现欲强。

（4）抑郁质：观察特别仔细，选择比较谨慎、挑剔，消费时怀有较重的疑虑，购买决策不易做出，对服务人员的介绍有较强的戒备心。

（三）面对不同气质类型的顾客的服务应对

在分析顾客气质特征的基础上，酒店工作人员应该采取最为合适的应对措施，为顾客提供满意的产品和服务。

（1）多血质：在为多血质的顾客服务时注意热情接待，主动交往，可以多推荐产品和服务项目，尤其可多介绍新产品给他们，对产品和服务的功能多介绍，在结束本次服务时可以留下联系方式，加强联系，增进感情。

（2）黏液质：针对黏液质的顾客喜安静、消费较保守的特点，服务时注意耐心观察他们的注意力所在，可重点介绍他们感兴趣的产品和服务，当他们做出决定后尊重其选择。

（3）胆汁质：在为胆汁质的顾客服务时应该针对其急躁的特点格外注意自己的态度、言行，不可针锋相对，服务时注意热情、快速而准确，学会赞赏他们的决定，并在他们冲动购买时适度提醒。

（4）抑郁质：针对抑郁质的顾客，服务时应该特别尊重他们，需要有足够的耐心，切忌表现出冷漠、不屑等语言和表情；适当主动关心而非过度热情，适度推荐产品和服务；服务过程中不宜开玩笑。

三、顾客的性格分析与服务应对

性格是一个人个性构成的核心成分，我们可以通过了解顾客的性格特征来预测其消费观念和购买行为方式。根据性格的态度特征、情绪特征、意志特征及智力特征的综合，大致可以对顾客进行性格类型划分，并分析掌握针对每类顾客的服务应对策略。

（一）按照消费态度划分

表 1-3　顾客性格的消费态度分类及服务对应

性格类型	典型表现特征	典型人群	服务应对策略
节俭型	以节约为第一考虑要素，主要追求服务的实惠	老年人、低收入阶层	尊重其选择，推荐实惠产品，热情服务
保守型	严谨，习惯于传统的生活方式，对新的服务项目接受较慢	老年人、传统知识分子、家庭主妇	感情服务、热情周到、试探性推荐新产品
随意型	消费时随意、自由，选择的随机性较大，标准也呈多样化	年轻人、男性消费者	介绍新产品和高端产品，主动推荐，快速服务
奢侈型	追求服务的档次、排场和享受，不在乎价格和实用性	高收入阶层、新贵	主动介绍高端产品和服务，强调产品和服务的品质及档次

（二）按照购买方式划分

表 1-4　顾客性格的购买方式分类及服务应对

性格类型	典型表现特征	典型人群	服务应对策略
习惯型	根据以往的消费经验和消费习惯采取不脱离常规的消费行为	老年人、传统知识分子、家庭主妇	感情服务、热情周到、试探性推荐新产品
理智型	对消费往往要经过认真思考和比较，冷静而慎重	知识分子、中产阶级	耐心，多介绍产品的性能和品质，可提供产品说明书

（续表）

性格类型	典型表现特征	典型人群	服务应对策略
情感型	消费时往往带有强烈的感情色彩，冲动性明显	年轻人、男性	广泛介绍，多推荐产品和服务项目
挑剔型	具有丰富的消费经验，主观性强，进行消费选择时较仔细，善于发现不易被别人注意的细节，对别人的意见往往有戒心	女性、商务人士	展示产品和服务，耐心准确说明产品和服务的细节

四、顾客的能力分析与服务应对

由于先天素质的不同，特别是后天训练及努力程度的不同，个体的能力存在较大的差异，包括能力类型的差异和能力水平的差异。如有的人记忆力特别好，而有的人想象力丰富，这就是能力类型的差异。同样是记忆力，有的人强有的人弱，这就是能力水平的差异。

顾客在消费活动中的能力对其购买行为将产生影响。顾客的能力主要由三方面构成：一是从事一般消费活动所需要的能力，包括感知能力、分析评价能力、鉴赏能力和决策能力；二是从事特殊消费活动的能力，如酒店顾客对健身房健身器材的使用能力等；三是保护自身权益的能力，熟悉相关法律法规。顾客能力的差异必然使他们在购买酒店产品和服务时表现出不同的行为特点，根据这些特点，可以将顾客分为不同类型，并分析针对每一类型顾客提出相应的服务对策。

表 1-5　顾客能力类型及服务对策

能力类型	典型表现特征	服务应对策略
独立自主型（知识型）	对产品和服务有明确的识别能力，知识信息丰富，有明确的消费目标，决策果断	热情接待，无需多介绍，跟踪服务即可，可适当介绍新产品及服务项目
不确定型（略知型）	对相关产品的知识和信息掌握不够，消费目标和具体要求不甚明确，需要服务人员给予一定的指导	试探了解顾客的需要及对相关信息的掌握程度，重点介绍
盲目型（无知型）	对服务和产品的知识信息了解很少，没有明确的消费目标，消费具有很大的盲目性	详细介绍产品和服务，鼓励顾客消费

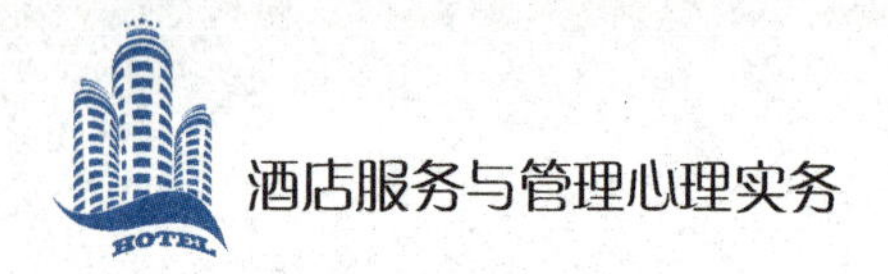

作业1-3：

1. 分析案例1-2，回答以下问题：

（1）判断这位女士的气质、性格、能力类型。

（2）服务员小孟的做法是否得当？

（3）你认为应该怎样做更合适？为什么？

案例1-2

顾客的尴尬

杭州某酒店的自助早餐厅里。早上8点10分，一位中年的女士来用早餐，服务员小孟注意到这位客人用餐选择食品时比较迟疑，喜欢看看别人的选择。她夹起一片土司，看了看烤箱，用夹子夹着土司在烤箱内上下移动几下，这时的烤箱并没有通电，而这位女士不知道。服务员小孟见状便走上前去把烤箱开关打开，然后要求顾客把土司放进烤箱，松开夹子。这时，客人满脸通红，匆匆把土司放进盘子，走开了。

2. 你了解你的父母吗？试分析你父母的气质、性格、能力特征。如果你的父母是你的顾客，你在酒店接待他们时应该注意些什么？比较适合他们的服务策略有哪些？

项目四　顾客的认知心理分析

在人的心理活动中，认知是一切心理活动的基础和前提。人们认识世界的过程包括感觉、知觉、注意、记忆、联想、想象、思维等，感觉和知觉处于最基础的认知阶段，记忆、联想、想象、思维处于高级认知阶段，而注意贯穿整个认知过程中。

一、顾客的感觉和知觉分析

（一）感觉和知觉的概念

1. 感觉的概念

感觉是人脑对直接作用于感觉器官的客观事物的个别属性的直接反映。人的感觉器官包括眼(视觉)、耳(听觉)、鼻(嗅觉)、舌(味觉)、皮肤(触觉),这些感觉使顾客产生对酒店服务和产品的初步印象,如对酒水菜肴的色、香、味、形的认知,对客房光线、色彩、气味等的心理感受。

感觉具有感受性、舒适性、敏感性的特点。它使顾客获得对酒店的第一印象,是消费活动的起点。因此,在酒店服务和促销活动中,应充分利用顾客感觉器官的功能,使顾客在购买活动中受到适当的刺激,引发其舒适感与愉快感。

2. 知觉的概念

知觉是指人脑对作用于感官的客观事物的整体属性的综合反映。它以个体已有的经验为基础,对通过感觉所获取的信息作出主观解释,得到整体的感受和看法。比如,顾客看到一盘菜立刻知道是麻婆豆腐,到达一家酒店从它的建筑、规模、设备、装饰、卫生、服务与管理等方面马上给出五星级酒店的绪论。

知觉具有选择性、整体性和理解性的特点。

知觉的选择性是指从众多的事物中选择反映部分的对象,其他的对象则不留意,成为模糊的背景,被选择出来的事物主要是与背景有强烈反差的,或者是在静止的背景上选择出运动的事物,或者是选择出对顾客自己有利的、喜欢的事物。知觉的选择性原理对酒店的营销和服务活动提出了要求,提供符合顾客需要的、能够引起顾客知觉的信息,是引导顾客购买和消费的前提,要求酒店营销人员和服务人员要选择有效的传播途径、内容及表达方式向顾客传递信息。

知觉的整体性是指顾客能够把知觉到的事物的多种属性归为一个统一的整体。例如,顾客进入一间干净整齐、光线明亮、装饰华丽的客房,他就不再会注意一些细节,而知觉为一间满意的客房。酒店顾客知觉整体性直接关系到其购买和消费行为的满意程度。如果酒店及其服务被知觉为符合顾客需要且能够引起顾客的兴趣,那么顾客作出购买决策的可能性就会增加。

知觉的理解性表现为人在感知事物时,总是根据以往的经验来解释、判断它,把它归入一定的事物系统之中,从而能够更深刻地感知它。人们的知识经验不同、需要不同、期望不同,对同一事物的理解也不同。比如,面对一位不断挑剔高价菜的点菜顾客,新服务员可能会认为这是一位很挑剔的顾客,而老员工则会理解为这位顾客可能并不愿意点高价菜但又要保全面子才会不断挑剔高价菜的。知觉的理解性在酒店服务中具有十分重要的意义,它使服务能更准确地满足客人的要求,提高服务的质量和效率。

(二) 酒店顾客的感知觉

1. 顾客的视觉

视觉是由光波作用引起的。我们所看见的任何物体都是有颜色的,颜色本身没有什么确定的感情内容,但由于人们所处的环境和民族、宗教、风俗、职业、年龄以及个体差异的不同,便产生了对颜色的不同感觉和感情。

红色是强烈刺激色,代表着热情、喜庆、兴旺、豪迈、焦躁和危险,给人的心理带来兴奋、热情、激动、欢乐的色觉,比较适合娱乐场所、隆重和欢乐的场面。但是,长时间接触,会使人感觉疲劳。因此,餐厅包厢、客房等不宜大面积使用。

黄色是自然界色彩中最醒目、明度最高的色,代表温暖、光亮、华丽、灿烂、富贵,给人一种高贵、温暖的色觉。在酒店室内装饰中常采用弱黄色以营造明朗、轻快、温暖的氛围。

绿色属于温色,代表青春、生命、自然、悠闲、娴雅、新鲜、和平、安全,给人心理以一种生机、青春、安全、宁静的色觉。深绿色宜作窗帘和地毯。

蓝色代表安静、智慧、冷静、和平、温良、深沉、冷淡,有收缩和后退感,能给人心理以深邃、开阔、幽静的色觉。淡蓝色可用于采光较好的客房墙面,深蓝色一般仅用于地面。

紫色也有收缩感,代表高贵、威严、神秘,给人以高贵、庄重和险恶的色觉。由于这种色彩容易使人产生疲劳感,应谨慎使用。

黑色代表庄重、严肃、压抑、神秘,给人心理以沉重、庄严和肃穆感,在酒店内很少使用。

白色代表纯真、洁净、神圣、寒冷、恐怖,能使人产生干净、纯洁、哀怜、冷酷的色觉,纯白色在室内不宜大面积使用,而各种奶白色在室内却可使环境变得轻盈、高雅。

灰色是一种极稳定的色彩,给人心理平凡、沉默的色觉,含有某种彩度的灰色有助于减轻人的视觉疲劳,尤其是在人们逗留时间较长的客房、办公室、展示厅等处经常使用。

总之,不同的色彩给人以不同的视觉感受,这些感受又直接影响到人们的情绪。因此,在酒店的装饰布置中,要针对不同的场合和功能区域,巧妙利用色彩,营造不同的氛围,使顾客在视觉中获得最大限度的满足和享受,在视觉上留下对酒店的良好印象。

2. 顾客的听觉

酒店顾客的听觉刺激主要源于酒店音乐的播放或实时演奏。在酒店使用背景音乐的场所主要有餐厅、茶室、商品部和康乐场所等。根据不同场所的要求,背景音乐的选择也有讲究。餐厅多选择节奏缓慢的抒情音乐,使顾客在悠然自得的和谐氛围中用餐、交谈,享受美食,轻松愉快。在茶室可以选择中国古典音乐,体现中国文化的气氛。游泳池等活动场所可以选择较为欢快的音乐,增加活动的力量。

3. 顾客的味觉

味觉感受性受温度的影响较大。不同食物的最佳口感温度不同,在酒店服务中值得我们注意。例如,中餐菜肴要热着吃,西餐沙拉要冷着吃,啤酒最好能冰着喝,等等。人们对食物的需求状态和饥饿感也会影响味觉的感受性,饥肠辘辘的顾客会觉得食物特别香。其次,味觉也会产生对比。例如,吃了较咸的菜肴的顾客再吃较淡的菜肴就觉得特别没味道,吃了酸水果再吃其他水果就觉得甜。因此,中餐上菜程序一般是先咸后甜,先淡后浓,先冷盘后热菜,这就是为了满足顾客味觉的需要。

4. 顾客的时间知觉

由于年龄、生活经验和职业技能训练的不同,人与人之间的时间知觉存在差异。同时,人的时间知觉与自身活动的内容、情绪、动机、态度有密切关系。一般来说,活动内容丰富而有趣的情境,使人觉得时间过得很快,而内容贫乏枯燥的活动,则会使人觉得时间过得慢;积极的情绪会使人觉得时间短,消极的情绪会使人觉得时间长;期待会觉得时间过得慢;人对时间越注意,就越觉得时间长等。因此,根据顾客的时间知觉特点,在酒店服务工作中,要求各部门都应在尽可能短的时间内解决好一切问题,不能使顾客产生长久等待的感觉。

5. 顾客的错觉

错觉是指人对客观事物的歪曲的、不正确的知觉。它包括大小错觉、图形错觉、空间错觉、时间错觉、视听错觉等,其中最常见的是视听错觉。例如,在同一个环境中变换灯光色彩,则会使人产生不同的温度感,红色灯光使人感觉温暖,紫色灯光使人产生冷的感觉。

错觉不同于幻觉,错觉是外界刺激物作用于感觉器官产生的错误知觉,它不会消失,而幻觉是无外界刺激物作用于感觉器官时所产生的一种虚幻的知觉映象,是一种知觉障碍现象,它会消失。

错觉产生的原因是多方面的,有客观的原因,如图形错觉,很显然是由于刺激物之间的相互作用引起的,顾客看到同样面积的客房,家具多时显得面积小,家具少时显得大;有主观原因,如时间错觉,顾客同样等候 20 分钟时间,饥饿时在餐厅等待上菜,觉得时间特别慢,而开怀喝酒时觉得时间过得很快。

在酒店营销与服务过程中,服务人员要努力防止因自己的错觉而产生的认识错误,但同时我们也可以对错觉加以巧妙利用。例如,使用落地窗,可以使顾客感觉房间空间加大;在狭窄的电梯里加装镜子可以增大空间感,缓解压迫感。

6. 顾客的人际知觉

人际知觉又称社会知觉,是指人对人的知觉。它是社会交往中通过获得对方的

外部信息，从而给对方作出的判断和评价。正确认识人际知觉是做好酒店服务工作的前提。

（1）第一印象

第一印象是指第一次接触的人或事给人们留下的印象。这种印象往往比较深刻，会影响到对被观察的人或事物的全面、整体的评价。影响第一印象的主要因素有两方面：一是对方的外部特征；二是有关对方的间接信息。酒店顾客每到一处新地方，接触到第一个服务员，吃到第一餐饭等，留下的印象都会特别深刻，甚至会影响到整个消费过程的心情。作为酒店工作者一定要时刻注重自己的仪容、言谈、举止和态度，给顾客留下良好的第一印象。

（2）最后印象

最后印象是指交往中最后一次见面给人留下的印象，这个印象在对方的脑海中也会存留很长时间。最后印象往往是最强烈的，可以冲淡在此之前产生的一些印象。在酒店服务工作中要运用最后印象的积极作用，做好服务的最后环节，比如前台服务员在给客人结账服务时，力求做到态度热情、结账准确，诚恳请客人留下宝贵意见以便酒店以后改进服务质量和管理水平，令顾客感到我们的服务有始有终，留下美好的最后印象。

（3）晕轮效应

晕轮效应是指认知主体对客体获得的某一特征的突出印象，进而将这种印象扩大为对象的整体特征，从而产生美化或丑化对象的现象。晕轮效应容易使人以偏概全，夸大缺点或问题。比如，客人第一次到酒店入住，碰到一个态度不好的服务员，他就会认为这个酒店整体服务都不好，于是带着挑剔的心态接受服务，入住经历肯定不会愉快。反之，如果我们能做好某个细节，某项感人的服务，也可能让客人强化对酒店的美好认知。鉴于晕轮效应的作用和影响，我们要做好酒店服务的每个环节，争取让客人产生美化心理。

（4）刻板印象

刻板印象是指认知主体对客体概括的、笼统的、固定的看法，并对以后该类客体的知觉产生强烈的影响。刻板印象产生的基础是人们的经验，并潜在于人的意识之中。例如，人们普遍认为上海人精明能干，东北人豪爽大方。这种刻板印象一旦形成，在对人的认知中就会不自觉地、简单地把某个人归入到某一群体中去，人的认知于是就产生了偏差。在服务工作中，认知来自不同国家或地区的顾客时，除了了解他们的共同特征外，还应当注意避免受到刻板印象的影响，注重进行具体的观察和了解，并纠正错误的、过时的旧观念。

酒店顾客的记忆

（一）记忆的概念

记忆是人脑对过去经历与体验的保留和恢复的过程。人们在生活中感知过的事物、思考过的问题、练习过的动作、体验过的情感，甚至梦中出现过的事物，都可以保留在记忆中。一个完整的记忆过程包括三个阶段：识记、保持、再现并回忆。识记是识别和记住事物的过程，保持是指已经识记的知识经验在大脑中的储存，再现并回忆是在不同的情况下恢复过去的经验的过程。经历过的事物再度出现，能够把它认出来，称为再现；经历过的事物不在面前，能够把它重新回想起来，称为回忆。

记忆是我们的整个心理生活的基本条件，是一个人最宝贵的精神资源，是衡量一个人精神健全的基本标准。许多心理障碍，包括老年痴呆、人格分裂等，其主要表现就是记忆障碍。

（二）记忆的分类

1. 按记忆内容可分为形象记忆、逻辑记忆、情绪记忆、运动记忆

形象记忆的内容为事物的形象，如形状、色彩、声音等；逻辑记忆的内容为概念、定理、公式、规律、法则等；情绪记忆的内容为体验过的情绪，如愉快、悲伤、惊恐、紧张等；运动记忆的内容为动作。

2. 按记忆的特点可分为感觉记忆、短时记忆、长时记忆

感觉记忆也叫瞬时记忆，保持的时间很短，只有 0.25～2 秒；短时记忆信息保持时间在 1 分钟以内，如复述电话内容；长时记忆信息可保持从 1 分钟以上直到许多年甚至保持终身，是对短时记忆重复加工的结果。

3. 按记忆目的可分为无意记忆和有意记忆

无意记忆无需借助于记忆方法，无需做出意志努力，如在酒店环境中服务人员对各种潜移默化的影响的接受；有意记忆有明确的记忆目的，运用一定的有助于记忆的方法，需要做出意志努力，如学生在课堂上学习知识。

4. 按记忆方法可分为理解记忆和机械记忆

理解记忆是通过理解材料的意义，把握材料的内容来实现记忆的；机械记忆是根据材料的外部联系或表现形式，采取简单重复的方式进行记忆，如电话号码、人名等。

（三）影响记忆的因素

在酒店营销和服务过程中，酒店总是希望顾客能记住酒店所做的广告宣传信息，能记住服务人员对其传输的关于酒店服务的相关内容。那么，除了顾客本身的记忆能力外，哪些因素可以帮助其提高这些记忆呢？

1. 信息的重复

对需要记忆的材料进行重复，重复的次数越多，记忆越牢固。我们在营销和服务过程中需要不断重复展示我们的优势，为顾客提供优良服务，不断提供新的信息，这样才能加深顾客对我们的良好记忆。

2. 有意义的材料

提供对顾客来说更有意义的信息，即顾客更为需要的信息，有助于顾客记忆。注意程度和感兴趣程度都与记忆正相关，顾客在记忆过程中对记忆对象越感兴趣，注意力越集中，越有利于记忆。

3. 所受刺激的强度

一般而言，相对的高强度刺激比低强度刺激更容易引起顾客的注意和记忆。

4. 信息的独特性

更为生动形象、新颖活泼的信息，具有独特性、特色鲜明的信息和事物，与周围反差大的人和事，都比较容易记忆。例如，一家装饰风格独特的酒店比一家装饰大众化的酒店更容易令顾客记住。

5. 所识记的信息的顺序

一般情况下，顾客在接受大量消费或服务信息后对开始和最后记忆的信息印象相对深刻，记忆保持的时间较长，而对于中间的内容则遗忘较快。因此，酒店服务人员和营销人员在介绍酒店相关信息时，应尽可能将最重要的信息放在开头和最后，以提高顾客记忆的效果。

三、酒店顾客的注意

（一）注意的概念

注意是人的心理活动对一定事物的指向和集中。注意的指向性是指心理活动选择某一事物为对象而离开其他事物。注意的集中性是指注意时的“全神贯注”，它表现在心理活动的紧张性或强度上。注意的指向性和集中性表明注意具有方向和强度特征，两者之间密不可分。每当我们全神贯注地注意某一事物时，注意的指向范围就大大缩小。

（二）注意的种类

1. 无意注意

无意注意是一种事先没有预定目的，并且不需要意志努力的注意。它是人们不由自主地对那些强烈的、新颖的和感兴趣的事物所表现出来的心理活动的指向和集中。当餐厅正在用餐时，服务员为其中一桌顾客现场制作铁板烧菜肴，发出的声音和香味立即吸引了其他顾客的注意，使这道菜肴增加了不少点菜量，这就是无意注意的效果。

2. 有意注意

有意注意是一种有预定目的，在必要时需要做出意志努力的注意。它是一种积极主动服从于当前目的任务的注意，受人的意识支配、调节和控制，充分体现了人的能动性。顾客到达目的城市后寻找符合自己意愿的酒店的过程，就是有意注意的心理过程。

突然"暂停"的效果

一般人都认为，老师的语言不但要做到条理清楚，节奏分明，还要做到生动活泼、抑扬顿挫、声情并茂。但是，其中最关键的特征应该是富有变化。

一成不变的语音、语调和语速会使学生昏昏欲睡，甚至会感到是在受折磨。学生只会不断在心里说："天哪，什么时候才会下课！"

如果发现个别学生不注意听你说话，一般来说，千万不能以不断提高声调和音量的办法去"盖住"学生的说话。因为这时你越是喋喋不休，学生越会觉得你这台"播音机器"一切正常，然后放心地继续干自己的事。

然而，这时如果你突然来个停顿，他们的反应倒也许是："怎么回事？这台机器出毛病了？"然后，他们反而会停下自己的活动，开始认真注意你说话的。

（资料来源：屠荣生编著，《师生沟通的心理攻略》，上海人民出版社，2002 年。）

（三）注意的特点

1. 注意的广度

注意的广度是指在同一时间内一个人能清楚把握的注意对象的数量。扩大注意

的广度，可以提高学习和工作的效率。

2. 注意的稳定性

注意的稳定性是指注意在某一对象上所能保持时间的长短。与注意稳定性相反的状态是注意的分散，即分心。人们需要与注意的分散作斗争，以利于更好地学习和工作。酒店在进行营销和服务时，希望顾客能有更好的注意的稳定性，以提高营销和服务的效率。

3. 注意的分配

注意的分配是指在进行几种活动时，注意同时指向不同的对象。注意的分配是有条件的。首先，同时进行的几种活动中只能有一种是不熟悉的，其他几种都应该是熟悉的；其次，同时进行的几种活动之间的关系也很重要，比如，有的人一边弹吉他一边唱歌，那是因为弹吉他和唱歌之间关系密切。

4. 注意的转移

注意的转移是指根据新任务的要求，主动及时地把注意从一个对象转移到另一个对象上，是一种活动合理地为另一种活动所代替，是主动的。

引起顾客的注意是有效传递信息的重要方式，也是引发顾客购买和消费行为的必要前提。

四、酒店顾客的联想和想象

（一）联想

联想是指由一个事物想到另一个事物的心理过程。顾客对酒店及其服务的认识总是伴随着联想。联想有以下四种基本形式。

1. 接近联想

这是对性质接近的事物的联想。例如，由高大威猛的保安想到酒店的安全。

2. 相似联想

这是对性质、特点相似或形象相近的事物的联想。例如，顾客将高档酒店与身份和地位联想到一起。

3. 对比联想

这是在两个对立事物之间产生的联想。例如，顾客由眼前的良好服务想到自己经历过的劣质服务。

4. 因果联想

这是由事物的因果关系产生的联想。例如，由遗失的钱包物归原主联想到酒店服务人员拾金不昧的优良品质。

对于酒店服务员来说，使顾客产生美好联想、避免产生负面联想是服务工作的一个重要方面。

（二）想象

想象是人脑对通过感知得来的信息进行加工并创造新形象的过程。

了解顾客的想象行为对酒店产品的创新有重要意义。顾客对酒店产品和服务总是不断抱有新的希望，这种希望总是伴随着想象。服务人员在与客人的交流过程中，如果能够注意收集顾客的这些想象信息，则往往能够在其中发现创新的线索。

五、酒店顾客的思维

思维是对事物的一般属性和事物内在联系的间接、概括的反映。思维是人们高级的认识活动过程，人们常常用动脑筋来描述这一认识活动。间接性和概括性是思维过程的基本特征，内在规律性的联系是思维结果的基本特征。

思维过程由分析、综合、比较、抽象、概括、具体化等环节构成。

顾客不仅可以通过具体的感知，而且可以运用思维的方法，通过媒介逻辑判断来认识产品和服务。其中，语言是主要的思维媒介。因此，酒店服务人员对酒店产品和服务介绍时，应当充分考虑到语言信息的逻辑性和可信度与实际情况的一致性程度。

顾客往往根据有限的信息和经历，对酒店产品和服务得出一个完整的结论，这说明人不是完全理性的，人的知识、经验和信息也有差异和不足。因此，人的思维不可避免地带有失误，即与客观事物不符的情况。避免顾客产生对酒店不利的认知，促进顾客产生有益于酒店的认知是十分重要的。这就要求酒店服务人员自己要尽可能理性化，充分认识本企业和竞争对手的情况，在向顾客介绍时，综合运用理性的、情感的手段来展示本企业的优势和吸引力。

六、顾客对酒店产品的认知

顾客对酒店产品的认知是其消费的前提和基础。

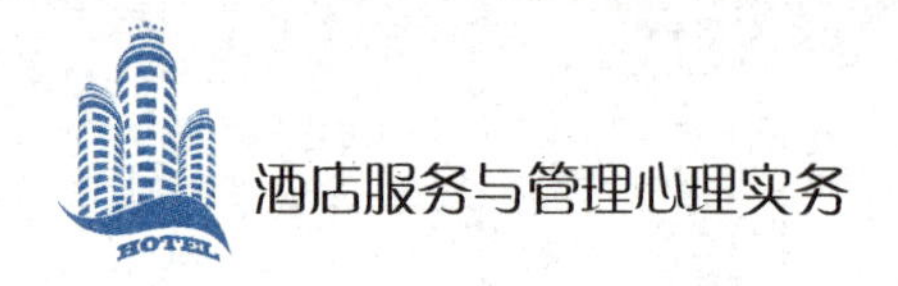

（一）顾客在消费前对酒店产品和服务质量的认识

顾客在消费前对酒店产品和服务质量的认识是通过间接方式进行的，一般从收集信息开始。顾客收集信息的途径主要是自己以往的消费经历、朋友的消费经验、酒店在社会上的口碑、广告宣传，以及根据相似的经验推断，在这些信息中顾客以往的消费体验和口碑影响力最大。他们得到这些信息后会作出相应的判断和评价，或是主观判断后做出消费选择，或是跟朋友讨论后做出消费选择，也可能没有明确的消费选择。

顾客在消费前虽然通过收集信息可以在一定程度上对酒店产品和服务产生认知，但仍然因不能准确预测其质量而心存疑虑，产生以下五种风险知觉。

（1）功能风险：对产品和服务的性能是否满足顾客的需要心存疑虑。

（2）经济风险：对产品和服务的性价比心存疑虑。

（3）安全风险：对产品和服务是否安全心存疑虑。

（4）心理风险：对购买产品和消费服务过程中是否产生愉快经历心存疑虑。

（5）社会风险：对购买某产品和消费某服务是否产生社会不良评价心存疑虑。

顾客在消费前的风险知觉对他的决策有重大影响，酒店则要努力减少或消除顾客的风险知觉。

酒店顾客主要通过以下七个途径消除疑虑。

（1）收集尽可能多的信息。

（2）多方比较，货比三家。

（3）寻求亲朋好友的建议。

（4）建立对品牌的信任。

（5）消费经验的积累。

（6）购买高价产品和服务。

（7）根据酒店的规模做出选择。

（二）顾客在消费过程中对酒店产品和服务质量的认识

顾客在消费过程中感知到的酒店产品和服务质量的信息主要有酒店规模（建筑面积）、档次（装饰、设备、员工服饰）、产品价格、酒店风格、管理水平（运行秩序、部门协调、管理人员对基层员工的态度、其他顾客的感受）、员工关系、服务质量（态度、效率、技能）等方面。这些信息的认知是顾客边消费边获得的，是顾客的亲身体验，这种体验会受到以下两个因素的影响。

1．顾客的态度和情绪情感

顾客基于过去的经验或直接的体验形成的态度和情感，对其评价酒店产品和服务质量有很大的影响，往往带有一定的主观色彩，其体验会与实际情况产生偏差，产生晕轮效应。

2. 顾客对酒店产品和服务的期望

对于同一个水平的服务，持有高期望值的顾客往往给出较低的评价，而持有低期望值的顾客可能会给出较高的评价。因此，如何调节顾客的期望值是一个重要的营销问题。酒店在营销过程中应当给予顾客一个适当的期望值，令顾客对酒店产品和服务感兴趣，又不会导致顾客失望不满，对顾客的承诺要与实际提供的服务保持基本一致。

（三）顾客在消费后对酒店产品和服务质量的认识

顾客消费后对酒店产品和服务质量的认识主要体现在他如何解释他对该产品和服务质量所得出的结论，即归因。

顾客在购买酒店产品和服务后，会对酒店的各种表现、其他消费者的行为及服务品质的好坏做出归因。如果顾客将服务水平不高的原因归于酒店，就会产生严重不满情绪；如果归于酒店无法控制的客观因素，就会持较宽容的态度。例如，一个住店客人发现客房停水，服务员解释说是由于自来水公司水管破裂所致，该客人接受这一解释，则不满情绪就会缓解；如果客人认为是酒店的工作失误，他的不满情绪就会加剧。酒店服务人员应该通过沟通努力了解顾客的归因，引导顾客做出正确的和有利于酒店的归因很重要。

刘先生到青岛出差，下了火车便来到市中心准备寻找一家高星级酒店入住。根据以上学习的顾客认知过程，请分析刘先生寻找酒店时的心理活动过程，并且谈谈在这个过程中酒店服务与营销工作应该如何引导其选择。

项目五　顾客的情绪情感分析

情绪情感的概念

情绪情感是指人对外界事物是否符合自己的需要而产生的内心体验。情绪情感

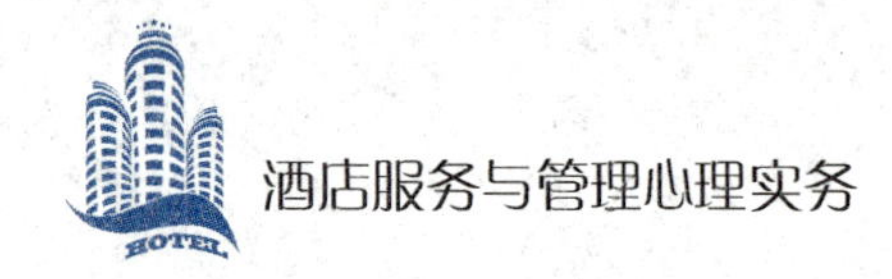

有两极性，即积极性和消极性。当外界事物的出现符合人们的内心需要时，会产生积极的情绪情感，如高兴、快乐、轻松、喜欢、爱、美感等；否则会产生消极情绪情感，如气愤、恐惧、悲伤、沮丧、焦躁、抑郁、愁恨等。

消费活动是一种满足需要的活动。满足顾客需要的服务可以促使顾客产生积极的情绪情感，增强购买欲望，促进消费行为的发生；反之，则产生消极的情绪情感，抑制购买行为的产生。从本质上看，人们购买和消费行为的目的是为了获得积极的情感情绪体验。

情绪情感按照其性质、强度、持续时间可以划分为激情、热情、心境和应激四种类型。

（一）激情

激情是一种爆发迅速、强烈、持续时间短暂的情绪体验，如绝望、痛苦、狂喜等，这种情绪状态总是伴随内部器官的变化和明显的表情动作，如心跳加快、手舞足蹈、捶胸顿足等，此时人的心理过程和全部行为会发生明显的变化，理解力和自制力明显下降。

顾客的消费行为有时会在激情状态下产生，冲动购买，但购买后容易后悔，所以酒店服务人员适当提醒顾客应当理性消费。

（二）热情

热情是一种强有力的、稳定而深刻的情感体验，它是意志的行动，是通过认知过程、意志过程而表现出来的情感，它和理性、意志分不开，表现为主体被一种力量所支配、努力去达到某种目的。

酒店顾客的热情不仅指向某一产品和服务，产生对某产品和服务的热爱，而且还指向酒店员工，产生对服务人员的友谊和情感，成为员工的朋友。因此，酒店要充分利用好顾客的热情。

（三）心境

心境是一种比较微弱、平稳且持续时间较长的情绪状态。它具有弥漫性特点，即在这种情绪的影响下，一个人生活中的语言、行为、思想、意识等都会带有比较明显的情绪倾向和心情色彩，会影响人对周围事物和环境的判断。心境可以是愉快的、舒畅的、振奋的，也可以是抑郁的、忧愁的、悲观的，“感时花溅泪，恨别鸟惊心”“人逢喜事精神爽”等说的就是心境状态。

心境的好坏对顾客的消费和购买行为会有很重要的影响，良好的心境可以使顾客在消费和购买活动中精神集中、兴趣盎然、积极参与，对服务产生正面评价，对服务的失误也会持较为宽容的态度。因此，在酒店服务过程中有助于引导顾客产生好的心境，避免引起不良心境，促使其重复消费和购买。酒店要引导顾客产生良好的心境，除了要有良好的服务内容和服务质量外，还要求服务人员自身保持一个良好的心境，去感染顾客产生良好的心境。

（四）应激

应激是出乎意料的紧张情况所引起的情绪高度紧张状态。在应激状态下，人的思维会较为混乱，判断力减弱，不容易做出明智的决策。比如，顾客在酒店遇到地震、火灾、突发恶性案件等，往往容易情绪紧张，不知所措，甚至不听从酒店的安排指挥，造成更为严重的后果。对应激状态的处理能力存在明显的个体差异，通过适当训练可以提高顾客和服务人员的应激水平，比如日本客人入住酒店时有一个习惯，他们会在初次入住酒店时对酒店的安全通道进行研究，并且会尝试从客房走到安全通道来熟悉在意外事件发生时的逃跑路线，一旦发生紧急情况，有经验的客人会保持头脑清醒，采取有效措施减少伤害和损失。

情绪情感按照其社会性内容还可以划分为道德感、理智感和美感。

认识顾客的情绪

顾客的情绪是一种内心感受，那么我们如何认识顾客的情绪呢？

（一）面部表情

面部表情是顾客表现情绪情感的主要手段，包括眼睛、嘴巴、肌肉的活动、呼吸频率等，在购买活动中各种复杂的心理感受都会从面部表情反映出来。优秀的酒店工作人员要善于根据顾客的面部表情变化去揣摩他的心理，也可以注意运用自己的表情去影响感染顾客的情绪朝积极的方向发展。

（二）声调表情

人们说话的语调、声音强弱及速度的变化，往往反映出情绪的变化。一般来说，快速、激昂的语调体现了人的热烈、急躁、恼怒的情绪，而低沉、缓慢的语调则表现人的畏惧、悲哀的情绪。声调表情具有一种很强烈的传染性，酒店工作人员面对顾客服务时应当很好地掌握声调表情，引导顾客的情绪。

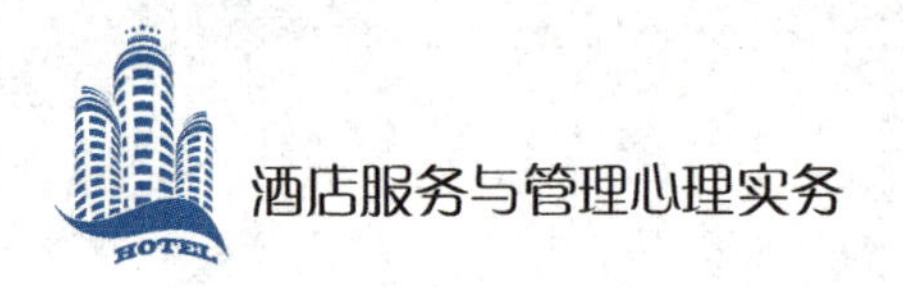

(三)动作表情

动作表情是指通过身体表现情绪情感,包括手势、坐姿、站姿、步态及一些小动作。

表情是可以较为准确判断人的心理活动的标准之一。在许多场合,人们不会明确表达自己的态度,这是理智控制的结果,但是面部表情、声音表情和动作表情往往快于理智反应的速度,在理智还来不及调控时,往往会在一定程度上表现出真实的态度。因此,酒店服务人员应该在服务过程中关注顾客的表情,以此来推测其情绪活动。通过调节服务内容和方式,有助于抑制顾客的消极情绪,激发和保持其积极情绪。

三、激发顾客的积极情绪

只有当顾客处于积极情绪状态下才能产生消费欲望,那么我们如何才能激发出顾客的积极情绪呢?

能够影响顾客情绪的因素有很多,包括顾客到店前自身的心境状态,酒店提供的服务的内容和方式,酒店消费环境的特征等。因此,要激发顾客的积极情绪,可以考虑以下五个方面。

(1) 热情的服务态度。

(2) 周到高效的服务过程。

(3) 满足顾客的需要。

(4) 舒适的消费环境。

(5) 服务人员积极情绪的感染。

案例1-3

国庆节时,深圳福田区某酒店,几位顾客正在预订春节期间的婚宴。接待预订的营销部钱主管忙业务的同时不忘给新人及家长道喜:“恭喜恭喜!新郎新娘真是特别般配而幸福的一对,二老把这件喜事办好了,就可以享清福了!”听了钱主管这样说,两位新人和两位老人都笑得合不拢嘴,连声说“谢谢”。签了婚宴的合同后,钱主管又问他们婚礼期间有没有外地来的亲朋好友,要不要在酒店订房,并承诺可以给六六折优惠。看钱主管这么热情,并且给出了优惠价,新郎跟新娘商量了一下,问钱主管可不可以在酒店给他们准备一间婚房,他们会有十多位大学同学来参加婚礼,要住酒店，这样他们就可以跟同学在酒店闹洞房了，省得把他们新家的婚房弄得太乱而难收拾。钱主管一听，真是太兴奋了，满口答应，立即又签了一份合同，订一间婚房、七间双人房和一间豪华套房。

钱主管一直把他们一行四人送到酒店大门口，说："你们还有什么要求随时可以跟我提出来，放心，我们从现在开始准备，一定让你们满意！"

讨论：钱主管为什么会成功？请评价他的做法。

项目六　顾客的需要及动机分析与服务应对

一、认识需要

（一）需要的概念

需要，是指个体在一定的条件下感到欠缺而希望获得满足的一种心理不平衡的状态。简单地说，需要就是人对某种事物的渴求与欲望。个体感到欠缺而希望获得的东西可以是物质的，也可以是精神的，于是需要可以划分为生理性的需要和社会性的需要。

生理性需要，又称为自然性的需要，是人生存的基本需要，主要指维持、延续和发展生命所必需的衣、食、住、行、性等方面的需要。它是人类最为原始的、最基本的需要，伴随人的一生，具有周期性特征。

社会性需要，通常指对社会劳动、知识、文化、道德、爱情、归属以及社会地位、成就、威望等方面的需要，是人类特有的，是人的高级需要，是在社会发展过程中形成的，受到政治、经济、文化、地域、民族、宗教等多种社会因素的影响。社会性需要得不到满足，虽不直接危及人的生存，但会使人产生不舒服、不愉快的体验和情绪，从而影响人的身心健康。

（二）需要的特点

1. 需要的发展性

个体的需要和人类的需要都是发展变化的。一般而言，人的需要总是从原始的基本需要到高级的社会需要不断发展变化。在不同的生命阶段、不同的社会条件下，

需要有明显的发展变化。

2. 需要的差别性

个体的需要呈现出多样性和差异性特征。由于社会生活的复杂多样，需要也呈现出复杂多样性。人们的需要既有相似的一面，也有不同的一面，即使在同样的情境条件下，不同的消费者也会体现出不同的消费需要。

3. 需要的周期性

需要不断出现，不断被满足，再出现，再被满足，呈现周而复始的循环特征。自然性的需要的周期性特征更加明显。

4. 需要的伸缩性

需要在种类、层次、程度等方面具有一定的弹性，这主要是受消费者的经济承受能力和需要的强烈程度，以及市场因素等多方面因素的影响。

5. 需要的可诱导性

需要不仅是由人自身的因素引起，还受到外界环境的刺激。消费者的需要会随着外界环境的刺激而产生变化，其潜在的需要可以变为明显的行动，未来的需要可以变成现实的消费。亲友的意见、服务人员的演示和介绍、传媒的倡导、广告的宣传、现场的气氛都会影响消费者需要的产生和变化。

（三）马斯洛的需要层次理论

美国人本主义心理学家马斯洛先生把人的需要分为五个层次(参见图 1-5)。

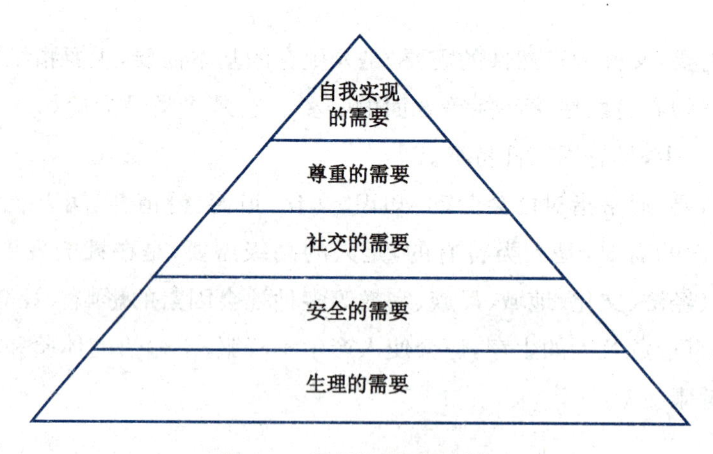

图 1-5　马斯洛需要五层次

(1) 生理的需要：维持个体生存和人类繁衍而产生的需要，如对食物、空气、水、睡眠、性等方面的需要。

(2) 安全的需要：在生理及心理方面免受伤害，获得保护、照顾和安全感的需要，如要求人身健康、安全，有序的环境，稳定的职业和有保障的生活等。

(3) 社交的需要：希望给予或接受他人的友谊、关怀和爱护，得到相关群体的承认、接纳和重视，包括爱的需要和归属的需要，如乐于结识朋友，交流情感，表达和接受爱情，融入某些社会团体并参加他们的活动，等等。

(4) 尊重的需要：希望获得荣誉，受到尊重和尊敬，博得好评，得到一定的社会地位。自尊的需要是与个人的荣辱感紧密联系在一起的，涉及独立、自信、自由、地位、名誉、被人尊重等多方面的内容。

(5) 自我实现的需要：希望充分发挥自己的潜能，实现自己的理想和抱负的需要。自我实现是人类最高级的需要，它涉及求知、审美、创造、成就等内容。

这些需要从最初级的生理需要到最高级的自我实现的需要依次呈金字塔形发展，只有当低层次需要得到部分或者基本满足后，较高级的需要才会充分发展起来。当然，需要的层次之间不是截然分开的，各种需要可以同时并存。在一定时期内，总有一种需要是优势需要或主导需要，优势需要总是对当前行为起着主导性或决定性作用。

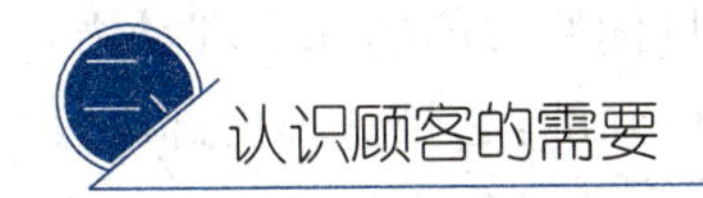

二、认识顾客的需要

根据以上马斯洛的需要五层次，酒店须满足顾客哪些方面的需要呢?

(一) 生理的需要

顾客入住酒店要求酒店能够满足其饮食、住宿、健身等方面的需要，酒店为其提供食宿和健身的设施设备和服务条件。

(二) 安全的需要

顾客的人身安全和财产安全须得到保障，同时还要求其隐私得到保全不受侵犯，酒店将为其提供安全的住宿环境和健康卫生的饮食产品，令其住得安心，吃得放心，玩得开心。

(三) 社交的需要

顾客入住酒店有会客、交友、商务的需要，酒店为其提供娱乐场所、会客厅、酒吧、宴会厅、商务中心等设施和环境，同时，服务人员应掌握好顾客心理，与客人进行愉快沟通，建立良好的客我关系，让客人觉得在酒店食宿期间不仅得到了物质方面的享受，还得到了友谊与爱的精神满足。

（四）尊重的需要

顾客作为酒店的消费者，不管是高消费还是低消费，都强烈需要得到尊重，服务人员要尊重顾客的选择、隐私、消费习惯等。

（五）自我实现的需要

酒店顾客尤其是商务客，在酒店入住期间要完成大量工作，希望在服务人员帮助下提高工作效率，实现其愿望，获得成就感。

三、认识动机

（一）动机的概念

动机是指引起和维持个体活动并使之朝一定方向和目标努力的内在心理动力，是引起行为发生和结果产生的原因。动机是无法直接观察到的，它是一种内部心理现象，人们只能从观察表面行为的变化来推测背后的动机。动机作为过程中的一个中介变量，在行为产生以前就已存在，并以隐蔽内在的方式支配行为的方向性和强度。我们经常看到的是动机所驱使的行为，比如，在饥饿的时候，人们就会使用各种方法去寻找食物，以满足解除饥饿的动机。

（二）动机的功能

1. 激活功能

动机具有激活功能，它会驱使个体产生某种行为并保持一定的行为强度。

2. 指向功能

动机还具有指向功能。动机促使个体进入活动状态后，会将个体的行为指向一定的方向。具有某种动机的人会忽视其他的事物，表现出明显的专一性。

3. 调节与维持功能

动机的调节与维持功能表现为动机愈强烈，行为也会随之更强烈，当一个人所从事的活动的目的与其动机所指向的目标一致时，他对这种活动就会表现出极大的热情，就会积极、主动、持久地去从事这项工作，克服困难，达到目标。

（三）动机的产生

动机的产生必须满足两个条件，一是达到一定强度的需要，二是外界存在满足需要的具体目标和条件。

动机与需要关系密切，又有所区别。需要是个体真实存在的或主观感受到的某种必要物的缺失，通常人们感到缺失的，正是最想要得到的，因此需要状态能够产生动机作用。但是，需要并不总是促成行动，有一些需要被我们模糊意识到，这种状态的需要表现为意向，被明确感受到的需要成为我们的愿望，还有一些需要促使我们投入行动获取满足，这些需要就转化成了动机。需要是动机形成的基础。

四、认识顾客的动机

顾客的消费动机是为了满足一定的需要，引起人们购买和消费行为的愿望和意念，是直接驱使消费者进行购买和消费活动的内在动力。

（一）顾客的一般消费动机

顾客选择酒店、产品、服务项目等基于多种需要、多种动机，但基本动机有三类，即生理性消费动机、心理性消费动机和社会性消费动机。这三类消费动机分别指向一定的消费目标，顾客的消费方式也呈现一定的特点。

1. 生理性消费动机

生理性消费动机是为了维持和延续生存的需要而产生的消费动机，顾客在生理性动机驱使下的消费行为在不同个体之间的差异较小，他们主要产生对住宿、饮食、健身房等方面的需要，要求安全、卫生、舒适、安静、享受等。

2. 心理性消费动机

心理性消费动机是由人们的认识、情感、意志等心理活动过程引起的行为动机，是人类特有的，它主要包括情绪动机、情感动机、理智动机和惠顾动机四种类型。在其他因素相同的情况下，受不同的心理因素影响，消费者的行为方式会呈现明显的差异。

情绪动机是由人的喜怒哀乐等情绪所引起的消费动机，具有冲动性、即时性、即景性的特点。比如，春节时酒店张灯结彩，节日氛围浓厚热烈，顾客在这种氛围下就会购买平时不会购买的高档酒水和菜点，节日是酒店营销的好时机，正是利用了酒店顾客的情绪动机；另外，一个人在愁苦的情绪下比平常喝更多的酒，也是情绪消费动机使然。

情感消费动机是由道德感、群体感、美感等人类高级情感引起的动机，这类动机推动下的消费行为一般具有稳定性和深刻性的特点。

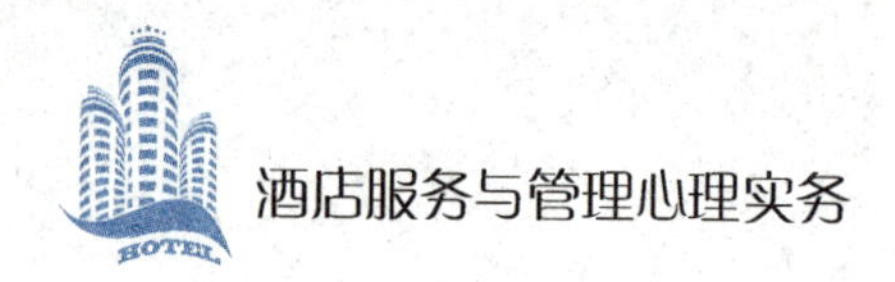

理智消费动机是人们在客观认识产品和服务的基础上，经过分析比较而产生的动机。在理智消费动机推动下的消费行为具有客观性、周密性和控制性的特点，理智促使顾客从自身的经济承受能力和尽可能满足自己需要的角度出发，在对酒店及其服务进行冷静分析和比较后做出消费决策。

惠顾消费动机具有理智动机和情感动机的特征，是建立在以往消费经验的基础上，对特定酒店和品牌产生信任和偏好而形成的消费动机，具有节约时间、规避风险的作用。

3. 社会性消费动机

社会性消费动机是由于消费者受所处的社会生活环境、生活条件和各种社会因素的影响而产生的满足社会性需要的消费动机。社会性消费动机主要受社会文化、社会风俗、社会阶层、社会群体、社会地位、职业身份的影响和制约，表现为社交、威望、成就、尊重等。比如，迪拜的帆船酒店吸引世界名流、商界精英等入住，就是让他们以入住该酒店并且与世界名流为邻而感到荣耀，对他们来说，入住这样的酒店就是身份的象征，他们的消费就是社会性消费。

由于人的社会性以及社会经济的发展，单纯的生理性动机已经越来越少，而心理性动机和社会性动机则发挥着主导作用。这三种动机的有机结合共同作用，推动着消费者的消费行为。

（二）顾客的具体消费动机

1. 娱乐享受动机

这是顾客在紧张的工作之余，为了放松、休养、娱乐、享受生活而产生的酒店消费动机。酒店通过提供优质的餐饮、客房、休闲娱乐等方面的产品和服务来满足顾客娱乐享受的需要。

2. 好奇动机

这种动机主要表现为对新奇、新颖的产品和服务项目产生体验的欲望，顾客喜欢前往特色鲜明的酒店消费，感受特色餐饮、特色客房、创新酒店主题活动等。因此，酒店应当不断创新服务，体现特色来吸引顾客的注意和兴趣。

3. 求廉求实动机

许多顾客相较于方便性和舒适性，表现出对价格比较敏感的特点，他们追求酒店产品的廉价或实用性，注重产品和服务的性价比。酒店通过提供一部分实惠的产品来满足这一部分顾客的需要，提高市场占有率。

4. 求方便动机

这种动机主要追求入住酒店后生活工作的方便性，包括交通方便、预订方便、使用客房设备用品方便、服务高效方便等。许多商务型顾客的求方便动机较强，所以酒店设置商务楼层服务就是为满足顾客的这一动机，为顾客节约时间成本，提高商务活动效率。

5. 求名动机

求名动机既有表现和炫耀心理，也有追求质量、减少风险、简化决策、节省时间等因素，是对酒店品牌和档次的要求。

6. 炫耀动机

与求实动机相反，炫耀动机是指顾客在消费过程中特别注意别人对自己的看法和评价，试图通过消费高档产品、著名品牌和奇异产品来吸引别人的注意，或体现自己的独特个性，或表现自己的优势(社会地位、经济基础、文化品位、职业特征等)，将自己的消费内容、档次和方式作为向社会、他人传递信息的方式，以求得社会的尊重或注意。

7. 从众动机

从众动机也称为模仿性动机，是指在消费酒店产品时与别人保持同一步调的消费动机。在一定社会、经济、文化条件下，人们的消费行为往往会受到周围人群的影响，于是以自己所处社会阶层、相关群体的消费方式来约束自己的消费行为，力求与周围的人保持协调一致，不至于落伍或过于超前。比如，越来越多的人选择在酒店包席吃年夜饭，城市里的青年选择在酒店办婚酒宴和闹洞房等。

(三) 顾客消费动机的激发

1. 增加产品的吸引力，努力开发有特色的酒店产品

在竞争日益激烈的酒店行业，产品极其丰富，什么样的酒店产品能够吸引顾客注意力？我们发现，具有特色的东西才会最快地勾起人们的购买欲望。所以，在酒店经营过程中一定要形成自己的独特性，提供独特的服务项目、服务方式和服务风格，结合酒店环境主题，突出自我特色来吸引客源，激发顾客的购买动机。比如，大连世茂御龙庄酒店体验经济下的 Mini Hotel 是一种新型的酒店模式，强调对传统酒店功能的重组，以提供独特、个性化的居住和服务作为自己与大型连锁酒店的区别。通过精致的设施和优雅的环境塑造出尊贵品位和文化氛围，为客人营造一种家的感觉。DAO 陆道设计公司以海浪形曲线形态创造独一无二的东南亚风情海景酒店，通过人性化的视线独享设计，使用单廊式布局使每一个房间都能享受到大海的视觉盛宴。

2. 加强酒店管理，提高服务质量和职工素质，以良好的口碑吸引顾客

口碑不是一天树起来的，一家酒店的良好口碑往往是几代酒店人努力的结果。在众多的酒店中，有良好口碑的酒店能够迅速被人们选中，就是以其稳定的服务质量取胜的。泰国曼谷的东方饭店堪称亚洲饭店之最，几乎每天客满，不提前一个月预订

都很难有机会入住，接待大量世界名流，名满全球。东方饭店是如何做到的？靠的是其非同寻常的对客服务，用关怀来打动顾客，拥有高超的管理水平，追求“零缺陷”服务与管理，提供个性化服务，以此获得了世界范围内的认可，受到全球人士的青睐。

3. 加强广告宣传，把潜在的顾客消费动机激发出来

通过广告宣传，可以帮助顾客认识酒店产品和服务的价值，或者改变他们对酒店产品的态度，使他们消除顾虑，积极参与酒店产品的体验活动，从而激发购买动机。

作业1-5：

酒店在服务和营销工作中，如何激发顾客的娱乐享受动机、好奇动机、求实求廉动机、求方便动机、求名动机、炫耀动机和从众动机？

五、提供满足顾客需要的酒店服务

李先生住进一家五星级酒店，他是来参加展销会的，因为频繁到房间拿样品，所以进进出出，多次忘记把钥匙卡带出来，每次回客房时，都是请小孙为他开门。傍晚，李先生拖着疲惫的步伐回到酒店，一摸口袋发现又没把钥匙带出来，只好再请小孙帮他开门，没想到小孙还问他住几号房，李先生很无奈地看着小孙，说：“你都帮我开了好几次门了吧，怎么还没记住我的房号呀，还五星级酒店呢！”

思考：李先生为什么会生气？

酒店要提高服务质量，就必须满足顾客的需要。当客人到达酒店后，酒店员工首先要了解他们的需要，并知晓这些需要的满足将在其心理上产生怎样的反应。顾客入住酒店后，其主导需求是有个临时的“家”以解决生活上的基本需求。

（一）酒店顾客的一般心理需求

1. 尊重

希望受人尊重是人的普遍心理需要，而酒店顾客的尊重需要更加强烈，在享受酒店服务过程中，客人会暂时摆脱日常生活和职业角色的压力，希望尊重需要得到补偿性的满足，因而其尊重需要就显得特别强烈。

2. 方便

顾客离开家在外入住都希望酒店为其提供各种方便，如接机服务、办理入住和离店、预约出租车、叫餐服务、洗衣服务、会议服务、商务服务等服务项目的提供。如果酒店能够满足顾客要求方便的正常心理需要，就会使顾客在心理上产生安慰感，激发其愉快、舒适的情绪体验，消除旅途中的疲劳和对新“家”的不安感。

3. 安全

安全是顾客非常敏感的问题，也是顾客最重要的需求之一，包括人身安全、财产安全和隐私安全。

4. 卫生

入住顾客尤其关心下榻酒店的清洁卫生，这不仅影响到顾客的身体健康、情绪好坏，也是其精神和审美的需要。不管高档或低档酒店，顾客都对卫生有较高要求。美国康奈尔大学旅游管理学院的学生曾花一年时间调查了 3 万名旅客，其中有 60%的人把清洁卫生列为住宿酒店的第一需求因素。

5. 安静舒适

顾客经过旅途劳顿入住酒店，一般都会希望有一个安静舒适的场所供其休息，尤其是中老年和商务人士更为明显。为此，酒店应注意选址避开闹市区，门窗尽量采用隔音性能良好的材料制作，在服务中也要注意保持安静。

6. 平等公平

酒店接待服务中的平等主要体现在客主关系的平等和价格上的公道，否则会令顾客感受到歧视和欺骗。

（二）满足顾客对前厅服务的需要

1. 在前厅环境布置上努力给顾客留下美好的第一印象和最后印象

怎样布置前厅环境才能令顾客满意呢？前厅的环境是一种对顾客的“静态服务”，前厅的布局、装饰、陈设等都会对顾客产生心理影响。前厅布局要合理，比如大堂容量设计应该与酒店规模相配套，电梯间的位置与总台的位置应产生顾客分流效果，大堂休息处的位置应远离前台接待处和收银处，酒店大门前应有供客人上下车的空间及回车道、停车位，使客人进出方便、安全等。

前厅环境的美化作用也很重要，其风格、装饰陈设以及整体效果能给顾客美观、整洁、清新、和谐、富有特色的第一印象，创设装饰美、意境美、整体美的效果，将激发顾客的消费动机。

前厅还须设置醒目的标志牌，使顾客一进入大厅就对各个服务项目和服务场所一目了然，适应和满足顾客求方便、求快捷的心理需求。

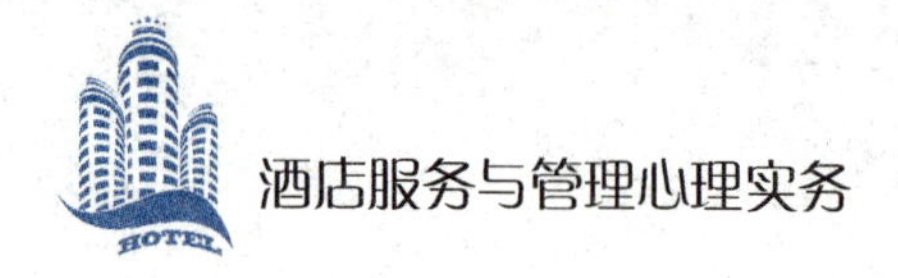

2. 重视员工的完美表现

前厅员工怎样的表现才算完美呢？首先，要有完美的仪容仪表仪态，要有窗口意识，服装、化妆、表情、行为举止都要与前厅环境相互映衬。前厅部门岗位较多，各岗位的功能不同，因此为了区别和体现各个岗位的不同，在服饰的风格、款式和颜色上也应有所不同。从视觉上，迎宾员、行李员、前台接待员在着装上的多样化，使顾客在色彩和风格的变化中感受到了其丰富性，也避免了由于过于单调而引发的视觉疲劳。从心理角度，不同职位的着装很好地营造了环境氛围，使顾客获得了精神上的享受。服务人员的服饰也是前厅整体环境的一部分，服饰要和部门的风格、基调相呼应，达到和谐的效果。其次，要有良好的服务态度，从形式上的微笑到内容上的周到细致，都要体现全心全意为顾客服务的态度，对客人要有感情投入，对客人亲切友好，对客人的需要敏感，对客人的感受理解，从客人的角度出发想方设法解决客人的难题，满足客人的需要，把客人当成自己的亲人，真情相待。只有这样才能使客人把酒店当成另一个家。再次，要为顾客提供高效率的服务，通过娴熟的服务技巧满足顾客尤其是商务客的高质量高效率的要求。

3. 提供足够的资讯以方便顾客

顾客初来乍到，人生地不熟，常在前厅的问讯处向服务人员询问各种问题。美国希尔顿饭店集团在服务规范中规定，不能说“NO”(不知道)。顾客询问的问题通常与酒店的服务相关，比如早餐的用餐时间、宴会的场所等，酒店前厅的服务人员大多能够回答。如果服务人员对超出自己工作范围的问题不甚了解，可以通过询问其他同事给予顾客一个满意的答复。

4. 打造一个协调的前厅服务团队

前厅全体工作人员都要有良好的人际协调能力，以顾客的需要为第一要务，服从安排，统一步调，分工协作为顾客服务好。

酒店前厅待客服务的十条黄金准则

1. 整洁的仪表

专业的服务从员工的仪表开始，整洁的仪表表示酒店尊重和重视顾客，做好了为顾客服务的准备。

2. 给顾客直接的关注

在有些情况下，酒店可能无法立即接待顾客，但绝不能对客人的到来不理不睬，因为这会令客人感觉不受重视。在这种情况下，可以通过打招呼、眼神、微笑等方式让客人知道我们暂时不能接待他，请他稍等。这样可以消除客人因为等待而产生的不愉快。

3. 良好的精神面貌

前厅工作人员的面部表情和身体姿态应该在客人面前表现出睡眠充足、情绪愉快、精力充沛、思维敏捷、很乐意为顾客服务的精神面貌，把这种愉快的情绪和精神状态传染给客人，令客人愉快地接受服务，感受优质的服务。

4. 给客人真诚和微笑的问候

前厅接待服务是一个综合的服务过程，不仅有语言交流，有符合标准的动作，有娴熟的服务流程，还要有态度表现，最直接的态度表现就是真诚的笑容和亲切的问候，这样可以使客人很放松地接受服务，很容易“配合”服务。

5. 仔细聆听

在和顾客交流的过程中，仔细聆听不但可以使你准确地明白客人的意思，更能够让你了解客人的心情，从而提供更加贴心的服务。

6. 保持眼神接触

在和顾客交谈时，保持和顾客的眼神接触不但有助于沟通，更能够使客人感觉到你的诚心，这样即使最后无法令顾客十分满意，他也不会太在意。

7. 使用顾客的姓氏

通过各种方式知道客人的姓名后，再加其姓氏称呼客人，这样做的目的一是核对信息的准确性，二是令客人感到自己受重视，得到充分的尊重。

8. 保护顾客的隐私

在未得到顾客允许的情况下，绝对不可以透露客人的各种信息，尤其是遇到酒店有明星或其他社会名流入住时，对客人隐私的保护必须严密周到。

9. 总是提供额外的帮助

在满足顾客一般的需求后，在走完一般的服务流程后，总是要询问客人是否还需要其他帮助，体现我们的热情和关爱。

10. 总是设法满足顾客的要求

当顾客提出酒店无法满足的要求时，不要直接拒绝，应先尽可能地帮助客人，即使最终无法满足客人，也可让其感受到酒店已经尽力了。

（二）满足顾客对客房服务的需要

客房是顾客在酒店中的主要生活场所，他们除了利用客房住宿，还利用客房接待亲友，进行社交活动。有的客人在客房中从事公务、商务活动，举行小型聚会；有的还

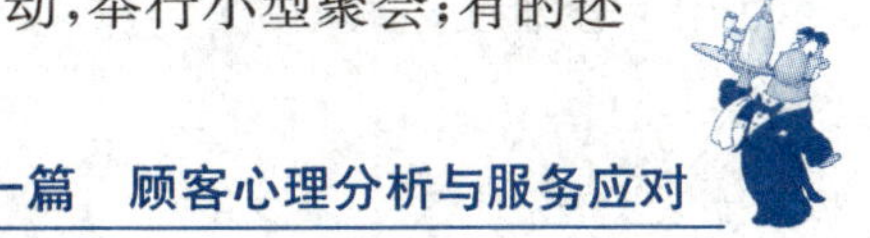

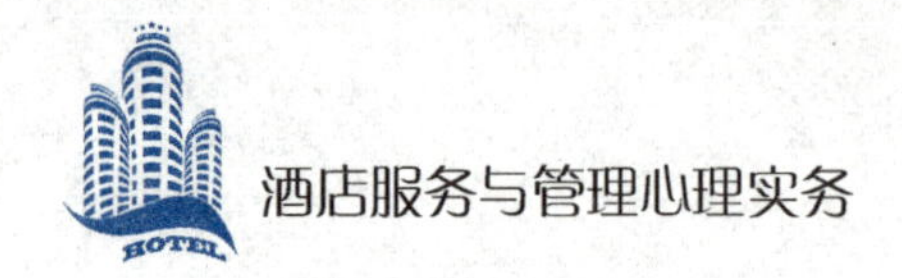

要在客房内就餐。他们期望在客房内完成大部分的活动，并能享受到热情周到的服务，获得物质上和精神上的满足。顾客对客房的心理需要主要体现在客房环境的整洁卫生，人身和财产的安全，休息时间不受打扰，享受一个宁静舒适的空间，设施设备和服务项目体现出方便性，真正成为一个“家外之家”。

那么，如何满足顾客对客房服务的要求呢?

1. 客房布置实用美观

客房布置一般应遵循两个原则，即实用和美观。首先，要实用，一切从方便客人的角度出发，设备的位置要符合客人生活方便的要求，物品的摆放要方便客人拿取，灯具的高度和亮度要使客人感到舒适，电器开关的位置要方便客人的起居，等等。其次，在实用的基础上还要注意美观和谐，室内颜色的搭配，家具的造型，窗帘、灯光、床上用品之间的搭配都要和谐，要有整体美感，符合大众的审美要求。

2. 良好的服务态度

对客人一定要使用尊称，使用礼貌用语，如果知道客人的头衔，则要使用头衔尊称客人，以表示对客人的尊重和重视。要记住客人的名字，并随时用名字称呼他们，这样会给客人以惊喜，拉近与客人之间的关系，给客人以亲切感，消除客人来到异地的陌生感。客房是一个私密的空间，对顾客来说较敏感，酒店服务过程中要充分尊重客人对客房的使用权，尊重其隐私权，没有得到允许绝对不能擅自进入房间，如果因工作的需要进入房间，也绝对不能擅自翻动客人的物品，不能将客人的某些隐私在员工之间传播，或对社会上的人传播。尊重客人的个人生活习惯和风俗习惯，对客人要有足够的礼貌，不能为了员工自己的工作方便而对客人提出要求，比如清扫客房的时间安排要尊重客人的作息时间安排，不能在客人的休息时间强行进入客房清扫。良好的服务态度还要求我们尊重有生理缺陷的客人，不能因为客人有生理缺陷而看不起他，甚至嘲笑他、议论他，这会令客人十分难堪，甚至会令客人恼火而投诉。相反，我们应该对残疾客人多一份关心和关照，处处为他们提供方便，消除他们的自卑感，给他们以亲人般的温暖感受。

3. 细致周到的日常服务

服务人员要养成细致观察的习惯，细心观察客人的需求及周围动态，了解客人的生活规律，使客人在客房得到家一样的舒适感、安全感和亲切感。全面细致的服务还反映在日常客房清洁整理工作中，无论是物品的摆放还是卫生清洁，都要细心考虑到客人的心理需求。细致的服务同样反映在服务分寸的把握上，服务人员应注意增强客人的信任感，如果顾客在房内放了很多物品和钱财，服务人员在进行清洁服务时，尽量不要随意移动，对客人的一般衣物、书籍，服务人员可适当加以整理，但一定要小心细致。

4. 暖心的超常服务

超常服务种类繁多，如婴儿看护服务、商务秘书服务、病客服务、醉客服务、VIP服务等，这些服务更多满足顾客的个性化的需求，对他们来说是真正能留下深刻印象的服务，是暖心的服务。提供超常服务对服务人员提出了更高的要求，服务人员要真正把客人当朋友当亲人一样对待，预测他们的特殊困难，从心里为顾客着想，满足他们个性化的要求。

（三）满足顾客对餐饮服务的需要

在餐厅服务中，有许多心理上的问题是值得研究和探讨的，若能迎合顾客的心理就能取得良好的效果。顾客走进餐厅的主导动机是用餐，但他也会通过眼、耳、鼻等器官对餐厅和其他刺激物做出积极反应，并伴随情绪活动迅速做出思维分析以调节自己的意志行动。餐厅的经营管理者及从业人员应针对顾客的一系列心理活动，在服务方面采取一系列有效的心理策略，以赢得市场占有率。

1. 求卫生心理

"病从口入"，用餐顾客对于就餐时的卫生状况十分关注，餐厅必须做到用餐环境卫生、食品卫生、餐具卫生、服务人员的操作卫生。

餐厅应随时注意环境卫生，保持地面清洁无污垢、杂物，走廊、墙面、门窗、服务台、桌椅都应光洁，灯光明亮，灯罩、灯泡无尘土，物品井然有序，空气清新，无蚊蝇等害虫。客人用餐后应及时清桌、翻台，以保证客人用餐环境的卫生。

餐厅必须配备相应的专用消毒设备和足够周转使用的餐具酒具，以保证餐具酒具消毒符合国家相关的卫生标准，保证客人的用餐卫生安全需求，让客人放心用餐。

餐厅提供的食品饮料都应是卫生安全的，特别是凉拌菜要用专用的消毒工具处理制作，防止生、熟、荤、素菜间的交叉污染。有条件的餐厅可设专用的冷拼间、专用冰箱，并配备紫外线消毒设备，以确保客人进食产品卫生安全。

按卫生操作规范提供服务。餐厅人员在餐台布置、餐桌准备和餐中的上菜、配菜、倒酒等方面都应按卫生的操作规范进行，让客人放心用餐。

2. 求美心理

随着人们生活水平的提高，人们不仅追求食品的美味，还把用餐当作一项综合的审美活动。食客的求美心理主要包括餐厅的形象美、餐厅服务人员的形象美、食品的形象美、餐具的形象美。

餐厅形象美是人们视觉、听觉、嗅觉各方面感觉综合审美的结果。餐厅通过外观设计、招牌和门面艺术设计以及餐厅内部环境的装饰陈设，在造型、色彩、灯光、地毯、窗帘、屏风、壁画，甚至一张别具一格的菜单上，精心处理，都能给客人以一种视觉形

象美的享受。只有餐厅的设计体现出餐厅的内部形象美，营造一种舒适、悠闲、轻松、和谐的用餐环境，才能吸引客人前来用餐。此外，餐厅是人们进食的场所，整洁卫生的视觉形象能引起人们对饮食安全、卫生的联想，这也是餐厅整体形象美的一部分。满足用餐顾客听觉上的审美要求，不仅要求服务人员的语言优雅，还应运用轻松愉快的背景音乐来达到调节氛围的效果。现代心理学研究表明，音乐对人的身心具有特殊的调节功能，优雅的听觉形象可以增进人的食欲，使人感到轻松愉快。在视觉、听觉之外，还要注意餐厅中空气的清新、温度的适宜，增强客人的嗅觉形象，这也是树立餐厅整体形象美的一部分。

餐厅服务人员的形象美除了对一般服务人员所要求的共性外，还要求身体健康，注意手部卫生和美观，服饰清洁美观，少配戴饰品，操作规范得体，注意动作姿态优美。

食品的形象美在中国食客看来也是绝不能马虎的。中国菜不仅注重形式美，而且注重内容美。中国菜常以名寓意，注重造型，利用烹饪中精湛的切、雕、摆、制、烹等技法，在餐桌上展现优美的菜肴造型艺术。中国菜不仅讲究色泽，而且注意色彩的对比和协调，形成强烈的"色彩美效应"，就餐者在获得视觉美的同时，再通过食品自然散发的香气激发嗅觉，诱发人的食欲以调动就餐者的审美动机，构成正式品尝菜肴的重要心理前奏。酒店餐厅应使就餐者从产品的形象美中得到视觉、听觉、嗅觉上的美感享受与惬意感、满足感。

古人云："美食不如美器。"现代餐厅同样注重餐具的审美使用效果。不管是西餐还是中餐，美酒一定要配以造型别致的杯具，美食一定要配以不同材质、形状、色彩、花纹的精美餐具，方可把食品衬托得更加美观、诱人。

3. 求尊重心理

常言道，"宁喝顺心汤，不吃受气饭。"若顾客在餐厅中不能得到应有的尊重，再好的美味佳肴也会食之无味。为了满足客人在餐厅中求尊重的强烈心理需求，服务人员要微笑相迎，针对不同客人的特点需求恰当领座，尊重顾客的习俗和用餐习惯，与顾客交谈时多用礼貌用语，"请"字不离口。

他们把盘子都要吃了

邹先生是我国旅游学界的专家，经常带自己的研究生对我国的一些酒店进行经营管理方面的市场调查研究。有一天，邹先生带两个学生来到北京某五星级酒店零点餐厅用餐，餐厅装饰得很豪华，客人还不少，服务员热情相迎。他们在用餐期间，听见两个年轻漂亮的服务员站在离他们不远的地方窃窃私语:“你看,那两个坐在窗边的老头老太,才要了两个素菜、两碗饭,看他们也像是有钱人的样子,那么抠门!”“还吃了半天,跟他们一起进来的人都走了,他们还在那里吃,吃得那么干净,弄不好我们一下没看到,他们把盘子都要吃了,嘻嘻!”

听到这里的邹先生心里咯噔一下,心想:等一下她们会怎样议论自己呢?太可怕了,还是早点走吧,这家酒店下次恐怕不能再来了。

4. 求知、求新、求奇心理

心理学研究表明,凡是新奇的事物总是引人注目,能够激起人的兴趣,引发人的求知欲。顾客外出用餐总是愿意食用与平常不同的新奇的食物,追求新、奇、特是大多数食客的心理需求。酒店要满足顾客的求知、求新、求奇心理,应该创立餐厅的特色食品、名菜、名点,吸引顾客慕名而来,食之有趣有味;服务人员在介绍食品时应该同时介绍所食菜肴的相关知识和典故,满足食客的好奇心求知欲,给食客深刻印象;在介绍食品时还可以配有食品的图片,直观形象地呈现食品的特色;在条件许可时,还可以采用可视厨房,让食客能够看见食物制作的过程,满足食客的好奇心。

5. 求快心理

顾客在餐厅坐定点菜后,一般都希望餐厅能快速提供所需的菜品,而不愿长久等待。一则是因为某些顾客要赶时间,继续旅游或转车;二则是因为在服务员上菜之前这段时间被人们感觉为无用时间,本来时间不长,但因人们感到无聊就会觉得等了很久。为适应顾客在酒店餐厅要求快速服务的心理需求,餐厅应该备有快餐食品,准备一些熟食和凉菜;利用现代科技手段,采用点菜软件和网络点菜等先进方式,简化点菜手续,缩短顾客等候用餐的时间;先上安客茶,让客人边等边喝茶边聊天,以缓解客人等待的急躁;客人用餐完毕,服务人员应及时送上账单,避免客人因付账而等待。

(四)满足顾客对康乐服务的需要

顾客到康乐场所消费不是生活必需的,是为了娱乐、消遣的需要,所以酒店的康乐部门能否令顾客满意,将给顾客留下深刻的印象。顾客对康乐服务的需求主要体现在以下四个方面。

1. 安全保障的心理需求

顾客决定去一家康乐中心消费时,首先考虑的是安全问题,顾客会注意康乐场所是否拥有良好的防火防盗设施与环境。另外,康乐设施设备的良好性能,不仅能保证顾客的身心愉悦,还能保障顾客的健身娱乐安全。因此,酒店康乐场所的安全保障不可忽视,应加强对康乐设备设施的维护、保养,使其处于完好的状态。

2. 保健心理需要

康乐能帮助人们消除疲劳、放松神经、舒畅身心、强身健体、陶冶情操,顾客想通过康体休闲的方式进行调节,以重新恢复身体的机能,达到保健身体、保持活力的目的。因此,酒店应该配备符合顾客需要的设施设备,满足不同顾客的不同需要,达到顾客对康乐项目的趣味性、新奇性、健身性、高雅性的参与目的。酒店康乐设施的配置以及各个康乐项目的配备,都应因地、因店、因时不同而有所差异。提供健身、游泳、网球等体育项目,满足顾客求健康的心理需求;根据时尚潮流及时更新康乐设备,迎合追求时尚人士的需求;设立桑拿、按摩、美容等项目使顾客的身心和肌体达到美的效果,满足顾客爱美的心理需求。

3. 环境卫生的心理需求

顾客来到康乐场所消费的主要目的是健身娱乐,对环境卫生有较高的要求,包括场所环境卫生、设备的使用卫生、工作人员提供服务的操作卫生等。因此,每时每刻保持康乐场所的环境卫生和设备卫生,为顾客提供优雅、洁净的康乐环境,满足他们对卫生的需求,是康乐部的基本工作。地面清洁、空气消毒通风、温度湿度控制适当、噪声控制、采光照明符合规定、设备手柄的清洁和消毒、游泳池水的消毒清洁等,都是顾客非常在意的。

4. 求新求异心理需要

新奇的康乐项目总能给人们平淡的生活注入活力,增添色彩。康乐项目越新奇,对顾客吸引力越大。因此,酒店应根据市场的发展情况及时更新设备,增添新的康乐项目,以满足顾客的需要。

作业1-6:

1. 为顾客提供优质的客房服务和餐饮服务中都提到尊重顾客,这两个部门对顾客的尊重的侧重点在什么方面?请具体谈谈如何做到尊重顾客。

2. 根据案例1-6,分析客人的心理诉求是什么。案例中服务员的做法会令顾客的心理产生怎样的变化?

大小龙虾

在某酒店餐厅,一位顾客点菜时点了一份龙虾,二十分钟后龙虾做好了上桌,顾客发现这龙虾不是他心目中的大龙虾,是现在大街小巷里老百姓在吃的小龙虾,而且还是辣味的。于是,顾客问服务员:“小妹,怎么是小龙虾呢?还这么辣,我怎么吃呀?”服务员回答客人道:“小龙虾也是龙虾呀,再说你也没说要大龙虾。小龙虾如果不辣就不好吃了。”客人还在困惑中:“这么小也叫龙虾?”服务员不耐烦地回答:“人还有大个子和小个子之分呢,何况龙虾!”结果客人被噎得瞠目结舌。

项目七　顾客的态度分析与服务应对

一、认知态度

(一) 态度的概念

态度是个体对某一事物的积极或消极的评价、情感感受和内在行为倾向。

态度的形成要经过三个阶段,即认知阶段、情绪情感阶段、行为准备阶段,以认知为前提,以情感为核心,三者具有内在的一致性。个体对态度对象首先要有了解和理解,如果产生高评价,则产生积极情绪和情感,如“我认为……”“我喜欢……”“我打算……”;如果产生低评价,则产生消极的情绪和情感,如“我不认为……”“我不喜欢……”“我不打算……”。

(二) 态度的特征

态度作为主体对客体的一种心理状态和心理倾向,作为认知、情感、意向等因素的总和,具有自身的独特性。从顾客消费的角度讲,认清态度的特征将有助于更好地理解态度如何影响人们的消费行为。

1. 态度的对象性

态度必须指向特定的对象,任何一种态度都有针对性。在酒店服务中,客人不会无缘无故地发怒,客人的投诉总会有酒店方面的原因或其他的某种理由。

2. 态度的习得性

一个人的态度不是生来就有的,任何态度都是后天习得的,通过模仿、经验总结、试误、引导等途径得来的。例如,客人对某酒店的态度,或者是他自己在接受服务的过程中通过亲身观察得来,或者是通过广告宣传、他人的评价等形成的。

3. 态度的相对稳定性与可塑性

态度一经形成,就具有相对持久和固定的特点,形成并稳定下来的态度逐步成为

个体个性的一部分，使个体对特定的态度对象表现出习惯性的反应模式。但是，态度也不是一成不变的，它会随着现实环境变化、社会实践活动或者是自我心理需求的变化而发生改变。

4. 态度的内隐性

个体的态度不易被直接观察到，只能通过人们的语言、表情、动作等外显的行为加以推测。酒店服务人员可以通过观察顾客表现出来的情绪和行为，较可靠地获得其相关态度的信息。

二、顾客消费偏好的形成

消费偏好是指顾客趋向于某一消费目标的一种心理倾向。人们在进行消费决策的过程中不仅要受到感知环境差异的影响，还要受个体特征，即国情、民俗习惯、个人的兴趣爱好、性格差异的影响，我们将个性特征差异所导致的心理准备状态或行为倾向称为消费偏好。消费偏好取决于顾客对消费目标所持态度的强度、态度的复杂程度和对该目标拥有的信息量的多少。

（一）态度的强度

态度的强度是指人们对某一事物赞成、反对或喜爱、厌恶的程度。在通常情况下，某一态度对象的属性越明显、越突出、越独特，顾客越能够从中满足自身的需要，它形成的态度强度就越高，相应地，越能显示出行为的倾向，即偏好。比如，人们入住某高档酒店并不是因为宽大华贵的床、豪华高档的设施设备本身，而是因为宽大的床上可以睡得更舒服，装饰华丽的客房更令人赏心悦目，于是形成了对高档酒店的偏好。当然，态度对象的突出属性对顾客的重要程度是因人而异的。例如，有的顾客并不对高档酒店形成偏好而是对经济型酒店形成偏好，是因为这一部分顾客认为花较少的钱可以解决住宿的问题更符合他的利益需求，经济型酒店的突出属性在他的偏好形成过程中起着重要作用。

（二）态度的复杂程度

态度的复杂程度是指构成态度的内涵的丰富程度，它往往可以体现出对态度对象的信息掌握情况。在通常情况下，态度的复杂程度与所掌握的信息成正比，即人们对态度对象所掌握的信息量和信息的种类越多，形成的态度就越复杂，因而越容易形成对某一酒店产品的偏好。一般来说，复杂态度比简单态度更难改变。

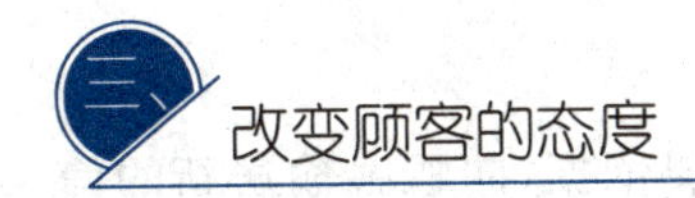

改变顾客的态度

顾客对酒店的态度可能从媒体传播、广告、亲朋好友的口碑以及自己的经验等方面的认知中形成。顾客的态度将影响其对酒店产品、服务、品牌的判断和评价，也会影响其对酒店工作人员的接受程度，最终影响其在酒店的消费欲望和消费行为，从而影响酒店的经营管理。

如果顾客对酒店持否定态度或者中立态度，就需要酒店一方对其施加影响，使其改变态度。态度的改变有两个方面：一是态度方向的改变，即由否定态度转变为肯定态度，或相反；二是态度强度的改变，即由弱转强或由强转弱。

顾客态度的改变受许多因素的影响，主要影响因素有以下三方面。一是顾客本身的因素，如需要、兴趣、个性、受教育程度、社会地位等。一般而言，自尊心强、自信心强、受教育程度高、比较理性、社会地位高的顾客的态度改变比较困难。二是原有态度的特点，如对原有态度的信奉程度、原有态度的公开程度、原有态度的复杂程度等。顾客原有态度是通过长时间思考，甚至与相反态度做过"交锋"而获得的，若态度持有较坚定，则难以改变。三是外界因素，如酒店产品、相关群体、营销宣传等。一般来说，酒店营销宣传力度大，传播信息的人具有权威性和可靠性，做广告代言的人被公众接受程度高，则顾客的态度相对更容易改变。由此，我们要改变顾客的态度可以从以下四个方面入手。

(一) 了解顾客的个性及已有态度的方向和强度

在与顾客接触的过程中，注意观察他们的情绪表现及行为表现，可以了解他们是怎样的人，以及他们对酒店及酒店产品的态度是肯定的还是否定的，态度是明确坚定的还是模糊中立的，在此基础上，我们才能采取适当措施来改变他们的态度。

(二) 提高酒店产品的质量，不断开发新产品

酒店要依据市场需求更新产品，改善基础设施建设，对从业人员进行业务培训，提高服务质量。酒店企业比较容易利用环境设施等硬件影响顾客对产品的态度，酒店设施应尽可能设计得优雅、舒适、宜人，力求促成顾客形成肯定的积极的态度。企业还可以通过改变从业人员的态度和仪表、产品价格及服务等途径达到改变顾客态度的目的。

（三）加强酒店宣传力度，重视产品营销

信息是态度形成的一个重要因素，也是态度改变的重要依据，向顾客输送新的信息有利于顾客形成新的态度。同时，要注意选择合适的宣传方式，有针对性地进行宣传，比如选择合适的宣传媒体和途径，请有公信力的人士代言等。

（四）根据顾客态度改变的情况作出适时的调整，不能强行改变

不能强行灌输，否则适得其反。可以引导顾客积极参与酒店组织的活动，令其在实践活动中获得积极的正面的体验，吸收有利于肯定态度形成的新信息，增进对酒店的了解，从而达到改变其态度的目的。

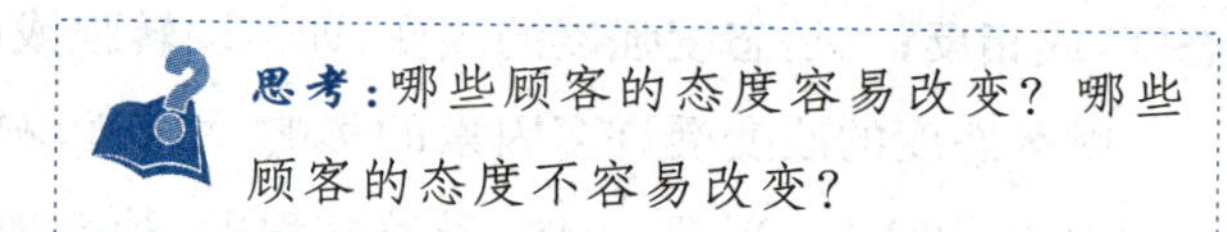
思考：哪些顾客的态度容易改变？哪些顾客的态度不容易改变？

项目八　顾客的社会心理分析与服务应对

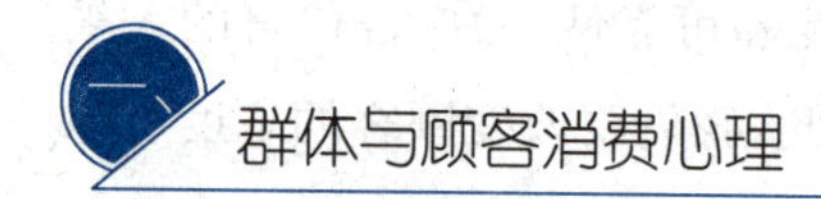
一、群体与顾客消费心理

（一）群体的概念

群体是指为了实现某种特定的目的，以一定方式结合在一起，并在心理上存在情感联系的两人以上的集体。

群体可以分为正式群体与非正式群体、主要群体与次要群体、隶属群体、参照群体与排斥群体等。

（二）群体对个体消费行为的影响

酒店的经营活动必须建立在满足众多顾客的基础之上。通过对消费者群体进行调查与分析，了解消费者群体以什么样的形式，以及在哪些方面对消费成员心理产生影响，以利于酒店充分利用群体的影响力开展经营活动，提高经营管理水平和经济效益。

1. 提供适当的生活方式

顾客总是生活在一定的群体之中，成员之间的长期交往、沟通对其物质享受、休闲娱乐等消费活动就会产生一定的影响，易形成特定的消费习惯和倾向，如一个民族的习俗对每个民族成员都会产生深刻影响，会成为这个民族所有成员的生活方式。

2. 模仿和示范的效果

在消费领域中，模仿是一种普遍存在的心理和行为现象。顾客在购买活动中，个人对产品和服务的评价往往是相对的，当群体为其提供具体的模式、标准并引起了他们注意，使他们产生兴趣，而且令其特别欣赏时，就会激起成员强烈模仿，对产品持肯定态度。某些消费者经常做出一些示范性的消费行为，引起他人的注意，以让人产生仿效他的消费行为。

3. 从众

从众心理是指受到群体规范和压力的影响，成员会自觉或不自觉地跟从大多数人的观念和行为，以保持与大多数人一致。从众心理的形成是个体追求群体认同感与安全感的结果。从众现象可以引导消费时尚的形成或改变，促进大规模购买行为的发生。比如，越来越多的人出游选择民宿入住，随着媒体的报道传播形成一种时尚后，许多游客越来越喜欢选择民宿。

酒店服务人员在向顾客推荐酒店产品时也可以利用顾客的从众心理，例如，当顾客在选择上出现困难而犹豫不决时，服务人员可以说:“这一产品是我们这里非常受欢迎的，很多顾客都选择这一产品。”

从众心理

20世纪50年代，美国社会心理学家阿希曾做过一个著名的实验，证明在群体压力下，人们会产生从众行为。他设计了两张卡片，这样的卡片一共18对。他邀请一些大学生做测试，把他们分成若干小组，每组成员7人，其中只有1人是真正的被测试者，他在实验以前什么都不知道，其他都是陪试，这些陪试者事先已经串通好了，在回答问题时口径一致。阿希让这些被试者围着一张桌子坐下，然后给他们看卡片，看完后有意识地让陪试人员先回答，那些陪试者故意都说错，把明显长度不等的线段说成是一样长，结果那些真正的被测试者有37%的人跟着他们作出错误的判断。而在一个人一组的实验中，几乎没有人判断错误。阿希一共在三所大学的123名大学生中做了这个实验，来参加实验的大学生都具有良好的视觉及敏锐的思维能力，并且从表面看，这些大学生可以作出自己想作的反应。阿希也确实要求这些大学生选择自己认为正确的答案,不要随声附和。真正的被测试者由于多数人一致的意见而对自己的判断产生怀疑,最终选择了随大流。

二、年龄与顾客消费心理

案例1-7

众口难调

某年6月份的一天,深圳某酒店来了一家六口用餐——一对老年夫妻、一对中年夫妻和两个未成年孩子。他们进入餐厅后首先就为选座发生争执,老年人感觉空调太冷,想要坐在靠窗户的位置,而孩子们想要热闹,想要坐在大厅中间的位置,最后中年夫妇还是满足了老人的要求,这就已经使孩子们不太高兴了。点菜时又出现了矛盾,老人要清淡的、软烂的食物,而中年人和孩子们喜欢香辣的肉类食物,并且孩子们对名称独特的菜特别感兴趣,最后商量的结果是点了两个清淡的菜照顾老人,其他的菜则以满足孩子们的要求为主,而且老人要热饮,中年人和孩子们要了冷饮。席间,中年人不仅要照顾老人用餐,还要不断提醒小儿子不要乱跑,其间小儿子还因突然站起来而碰到了送菜上桌的服务人员,差点打翻了菜盘,出现惊险一幕。用餐结束时,服务人员送来账单,老人拿出老花镜认真地看起来,逐一核对,并对价格较高的菜提出质疑,认为不值,孩子们则欢天喜地围绕餐桌跑来跑去,全然不管结账的事情,中年夫妇对于老人的质疑有点不好意思,赶忙把账结了,离开了餐厅。

思考:在这个案例中,儿童、中年人和老年人的消费心理有什么样的差异?我们的服务要注意些什么?

消费者的心理和行为都会随着年龄的变化而出现差异。有学者根据我国公民的特点将人的年龄阶段划分为:3岁以前为婴儿期,3~10岁为儿童期,10~17岁为少年期,18~39岁为青年期,40~59岁为中年期,60岁以上为老年期。按年龄阶段的不同可以将顾客群体分为几个典型的群体,即儿童群体、少年群体、青年群体、中年群体和老年群体。

(一) 少年儿童消费心理与服务应对

0~3岁的婴幼儿正处于身体和大脑发育未成熟阶段,他们身体的平衡性、稳定性、自控能力及感知能力较差，生活需要家长照顾，他们的活动皆由家长安排，他们的消费也由家长决定，他们的消费主要是满足生理需要。为这一阶段的婴幼儿服务时要注意提供食物的卫生安全健康，特别关注环境状况，如空调温度不宜太低，地面不能湿滑等。

3～10岁的儿童身体及大脑发育趋于成熟，好奇、好动、贪玩是他们的心理特点，喜欢具体、生动、形象、有趣的事物和服务项目。这一阶段的儿童虽然参与性强，对家庭决策有一定的影响力，但注意力不集中，兴趣容易转移，对危险的判断识别能力不高，所以，服务中应该注意他们的行动，保障他们在酒店的安全，并避免影响到其他顾客的消费活动。

10～17岁的少年生理发展进入第二个高峰期，智力、逻辑思维能力等都有较大的提高。从消费需求来看，除生活食品用品外，他们对文化、科学知识充满好奇，求知欲强，开始注意社交，思维活跃，虽然比较幼稚，但逐步在形成自己的审美观和价值观。这一阶段的少年心智还不健全，但他们在活动中爱表现出成人感，决策的愿望很强烈，自由独立意识强，但又容易犯错误走极端。为少年服务时应该多介绍产品和服务的知识特点，以满足他们的求知欲，适当给予他们表现的机会，注意引导、约束他们的活动空间和自由度。

（二）青年消费心理与服务应对

青年是18～39岁的群体，他们精力充沛，是酒店消费的重要力量。青年消费者注重科学、追求新奇时尚、强调个性、敢于冒险、表现自我，冲动性购买行为较多，消费欲望强烈。这些特征决定了他们对时尚、创新的服务和产品有强烈的兴趣和消费愿望，喜欢表现自己独特的个性。他们的消费行为受到情感情绪的影响较大。为他们服务时要注意给予他们充分的参与性，着重介绍酒店的新产品和服务项目，酒店的服务方式要紧跟时尚和潮流。

（三）中年消费心理与服务应对

中年一般指40～59岁的人群，这个群体是酒店消费的主力军。一般而言，他们生活经验丰富，工作繁忙，生活工作压力大，家庭负担重，但经济能力较强，消费心理特征表现出理智性、计划性购买，追求实用和品质，对产品和服务质量评价能力强，对价格的敏感性高于青年。酒店对于中年消费者采取的策略是强调酒店服务的内在价值，以质取胜，慎重制定价格策略，采取稳定的、求实效的推销策略。

（四）老年消费心理与服务应对

老年人主要指离退休的群体。目前我国许多地区已经进入到老年化时代了，老人出游的机会很多，也愿意花费在旅游活动上，以弥补年轻时没时间没能力出游的遗憾。这一群体怀旧心理强烈，害怕孤独，自尊心强，怕青年人嫌弃自己，但确实行动慢、灵活性差，对服务的方便性要求较高，注重服务的实用性和性价比，对保健、卫生等方面的要求较高，有时显得较挑剔。对老年群体的服务要有足够的耐心、体贴和细心，服务节奏放慢些，对于他们的传统思维观念和消费习惯给予充分的尊重，并且要时时注意安全，预防事故的发生。

三、性别与顾客消费心理

不同性别的人在消费心理方面存在着巨大的差异。这一差异来源于男女在生理、社会学、心理学以及思维模式方面的种种不同。

（一）女性消费群体的消费心理及服务应对

随着女性社会地位的提高，女性受教育程度和收入水平也随之增加，女性消费者成为了酒店很大的消费群体，现代女性成为社会消费的主要决定力量。了解女性消费心理对酒店消费市场的重要性，有助于酒店更好地开拓市场。女性消费心理特征主要表现在以下六个方面。

1. 以家庭消费为中心

虽然现代女性大多数为职业女性，但她们仍然承担着大部分的家庭管理的任务，所以家庭的开销主要还是经由她们来完成，她们的消费仍然以家庭为中心。

2. 感性消费、随意性强

女性消费者多感情丰富，心境富于变化，爱幻想、联想。在心理个性表现上具有较强的情感特征，在消费活动中她们容易受感情的支配与影响，产生临时的冲动性的购买行为，比如受折扣、朋友推荐、销售人员推销、情绪、广告宣传等影响。所以，酒店在营销活动中针对女性消费群体应该打情感牌，送礼品、适当折扣等营销手段是有效的。

3. 货比三家，耐心挑选

女性消费者在购买产品时往往有追求完美的心理，考虑时间较长，挑选商品时间较长，喜欢货比三家，甚至退货、换货。酒店在营销活动中要有足够的耐心，提供多样化的产品和服务项目给女性顾客挑选比较，提供丰富的信息以满足她们追求完美的心理。

4. 注重实用，追求便利

女性消费者在购买商品时十分关注商品的实际效用和具体利益，同时对商品与购物的便利性具有强烈的要求。酒店在营销活动时要注重提供产品和服务的实际效用，注重订房、订餐等服务的方便性。

5. 模仿、从众心理

女性在购买活动中经常表现出两种特征。一是受别人影响而产生购买欲望。有些女性向来对某种商品没有购买欲望，但当她们见别人使用某种商品时，就会产生购买这种商品的欲望。二是在实施购买时仿效别人。在确定购买某一物品时，她们总要看看别人是否也购买，而当看到别人也买时会立即果断起来。

6. 较强的自我意识和自尊心

女性在购买心理上具有较强的自我意识与自尊心，常常以一定的选择眼光、购买内容及购买标准来评价自己和别人，希望自己的购买最有价值、最明智，对别人的否定见解不以为然。当代女性，尤其是收入较高的中青年女性，喜欢在生活中与人攀比，通常喜欢与处于同一层次、境况相类似的人做横向比较，想要拥有别人所拥有的和别人所没有的，从而得到别人的羡慕和尊重。在酒店服务过程中，适时赞美女性顾客的眼光和决策，是明智的和必要的。

（二）男性消费群体的消费特征及服务应对

相较于女性消费者，男性顾客的消费心理有其独特性。

1. 购买决策理性、客观、果断、迅速

男性消费者逻辑思维能力强，购物时往往都有明确的目标，能果断决策，将购买愿望立即转化为行为，不愿花过多时间进行比较，选择商品时缺乏耐心；男性消费者购买产品更加理智和自信，在购买决策上敢于冒险，富有主见，彰显个性和独立性等。在酒店营销活动中，提供给男性顾客的信息一定要逻辑性强，客观、明确、直接，注重信息的有效性。

2. 求新、求异的好胜心理

相对女性而言，男性具有更强的攻击性和支配性。这种心理在消费上表现为求新、求异和开拓精神，男性消费者往往对新产品的特性有较高要求，敢于尝试新生事物。因此，酒店不断创新服务是吸引男性顾客的重要策略。

3. 注重商品的质量和品牌，不易受商品外观和细节所影响

男性消费者是理性购买者，对商品的性能了解更多，在购物时重视产品整体效果，不太关注细节。同时，善于独立思考，自己下定决心，一般不会轻易受外界环境或他人的影响。

4. 比较爱购买象征性产品，爱面子

人们倾向于根据个体消费的产品和拥有的商品来界定其身份，这时产品就有了

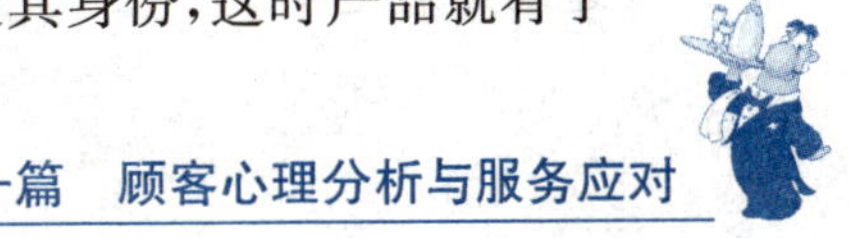

身份和社会地位的象征意义了。男性消费者比女性更爱面子，更加注重身份地位的维护，所以购买象征性产品就成为男性顾客的偏爱。酒店在营销过程中针对男性顾客需要观察其身份和社会地位，重点推销相应的产品和服务。

思考：小罗和小马都是某旅游管理学院酒店管理专业的实习生，他们在宿舍争论，小罗说更喜欢接待女顾客，女顾客更容易满意，小马说更喜欢接待男顾客，男顾客干脆利落不麻烦。

你认为呢？为什么？

四、社会阶层与顾客消费心理

（一）社会阶层的概念

社会阶层是指由于身份、地位、职业、收入水平、接受教育程度等各种因素影响，社会成员形成的相对稳定、相对独立的不同层次的社会群体。产生社会阶层的最直接的原因是个体获取社会资源的能力和机会的差别。所谓社会资源是指人们能够占有的经济利益、政治权力、职业声望、生活质量、知识技能以及各种能够发挥能力的机会，也就是能够帮助人们满足社会需求、获取社会利益的各种社会条件。

社科院划分的中国十大社会阶层

中国社会科学院重大研究项目——“当代中国社会阶层研究”课题，经过数十位社会学学者历时3年调查研究完成的调查报告——《当代中国社会阶层研究报告》已于2002年成书并公开出版。专家们通过详实的调查数据，以职业分类为基础，以组织资源、经济资源和文化资源的占有状况为标准，将当代中国社会阶层结构的基本形态划分出了“十大阶层”。

（1）国家与社会管理者阶层：在党政、事业和社会团体机关单位中行使实际的行政管理职权的领导干部。这一阶层目前在整个社会阶层结构中所占比例约为2.1%。

（2）经理人员阶层：国有、集体、私营和中外合资、外商独资的大中型企业中非业主身份的中高层管理人员。这一阶层在社会阶层结构中所占的比例约为1.5%，目前还在发展之中。

(3) 私营企业主阶层：拥有一定数量的私人资本或固定资产并进行投资以获取利润的人。就全国而言，私营企业主阶层在社会阶层结构中所占比例约为0.6%。

(4) 专业技术人员阶层：在各种经济成分的机构(包括国家机关、党群组织、全民企事业单位、集体企事业单位和各类非公有制经济企业)中专门从事各种专业性工作和科学技术工作的人员。目前，专业技术人员在社会阶层结构中所占比例约为5.1%。

(5) 办事人员阶层：协助部门负责人处理日常行政事务的专职办公人员，主要由党政机关中的中低层公务员、各种所有制企事业单位中的基层管理人员和非专业性办事人员等组成。在目前的中国社会阶层结构中所占比例大约为4.8%。

(6) 个体工商户阶层：拥有较少量私人资本(包括不动产)并投入生产、流通、服务业等经营活动或金融债券市场且以此为生的人，如小业主或个体工商户(有足够资本雇佣少数他人劳动但自己也直接参与劳动和生产经营的人)、自我雇佣者或个体劳动者(有足够资本可以自己开业经营但不雇佣其他劳动者)以及小股民、小股东、出租少量房屋者等。根据国家工商部门的登记数计算，目前个体工商户阶层在整个社会阶层结构中所占比例为4.2%，但该阶层的实际人数比登记人数多得多。

(7) 商业、服务业员工阶层：在商业和服务行业中从事非专业性的、非体力的和体力的工作人员。目前，商业服务业员工阶层在社会阶层结构中所占比例约为12%。

(8) 产业工人阶层：在第二产业中从事体力、半体力劳动的生产工人、建筑业工人及相关人员。目前，整个产业工人阶层在社会阶层结构中所占的比例约为22.6%，其中农民工占产业工人的30%左右。

(9) 农业劳动者阶层：目前中国规模最大的一个阶层，是指承包集体所有的耕地，以农(林、牧、渔)业为唯 一或主要的职业，并以农(林、牧、渔)业为唯一收入来源或主要收入来源的农民。由于这个阶层几乎不拥有组织资源，所拥有的文化资源和经济资源往往也低于上述所有阶层，所以在整个社会阶层结构中的地位比较低。

(10) 城乡无业、失业、半失业者阶层：这是特殊历史过渡阶段的产物，是指无固定职业的劳动年龄人群(排除在校学生)。这一阶层目前在整个社会阶层结构中所占比例约为3.1%，其中的许多成员处于贫困状态。

(二) 社会阶层与消费行为

各个社会阶层的成员在消费支出模式、消费信息的接受与处理、消费内容与方式等方面都有一定的差异。

上层社会的成员对休闲服务的消费高于其他阶层，消费方式明显不同于其他消费者。上层社会的成员是高档酒店的主要消费者,也是高档娱乐场所的重要消费者。中层社会的成员则是商业性休闲场所的主要消费者。下层社会的成员用于休闲活动的支出较少,他们的消费选择表现为时间花费较多、支出负担不重的休闲方式。一般而言,人们会形成哪些消费场所适合哪些阶层消费者的看法,并倾向于到与自己的社会地位相一致的场所消费。

在消费信息的接受和处理上,不同阶层的消费者也有较大的差异。下层社会消费者的支出行为带有某种补偿性质,由于不自信和对未来的不乐观,他们十分看重眼前的消费,而较低的文化水平却使他们更易产生消费的不理性。他们的信息来源有限,相对而言,对误导和欺骗性消费信息缺乏甄别力。他们在决策过程中更多地依赖亲朋好友提供的信息。中、上层社会消费者则更多地从媒体上获得信息,而且会主动从外部收集信息。

上层社会的消费者容易成为创新产品的消费者,他们是时尚和流行的创造者和带动者,而中、下层社会的消费者则更容易成为时尚和流行的追随者。

上层社会消费者虽然对服务有较高的要求,但他们自信而独立,对服务人员过于热情的介绍反而会反感。中、下层消费者则愿意与服务人员进行较多的交流。

五、文化与顾客消费心理

文化是影响和制约个体消费行为的一个重要因素,个体的任何消费行为几乎都要受到文化的制约。

(一)文化的含义

广义的文化是指人类创造的一切物质财富和精神财富的总和,狭义的文化是指人类精神活动的产物,如哲学、宗教、历史、科学、艺术、道德等。对于消费领域,文化是指通过学习获得的、用以指导消费者行为的信念、价值观和习惯的总和。

文化的习得性特征,是指文化不是遗传决定的,是后天学习而得来的,包括文化的继承和文化移入。文化的社会性和差异性特征,是指文化不是个人的,是一个社会所共有的,是特定群体的大部分成员所共有的;不同社会群体之间的文化具有差异性,文化确定了不同群体之间的边界。文化的动态性和相对稳定性特征,是指文化不是静止不动的,而是不断变化的,但这种变化又是相对缓慢的,当一个社会或群体面临新的机会或问题时,人们的价值观、行为方式、生活习惯等都可能发生适应性变化。文化的无形性特征,是指文化对个体消费行为的影响是无形的,只有在我们接触不同的文化时，才能发现文化的差异。

（二）文化对消费行为的影响

文化不像经济因素、时间因素那样直接影响消费者的消费行为，而是潜移默化地对消费者产生影响。不同国家、不同地域、不同民族、不同时期的文化使其所属的群体及其成员形成相应的价值观、审美观、宗教信仰和风俗习惯，进而影响到他们的消费需要、消费动机和消费态度等。

1. 影响人们看待消费的态度和消费需要的选择

人们在生活中遇到问题时就会产生对产品和服务的需要。在不同文化背景下，有的需要被肯定和强化，有的需要被否定或弱化。比如，在西方社会文化背景下，游客出行时认为安排好食宿很重要；而中国游客更注重购物，给家人和亲戚带礼物尤其重要。

2. 影响对消费信息的收集

不同文化背景下，消费者对不同信息来源的信任程度不同。中国消费者更看重个人消费经验来源和朋友口传信息来源；而西方消费者更相信科学家论证和权威发布的信息，个人消费信息被认为是隐私信息，一般不外传。

3. 影响消费决策方式

中国文化中从众心理较为普遍，强调集体意识，在消费决策上人们更加重视集体决策，在产品和品牌选择上消费者较少标新立异，强调与他人保持一致；而西方文化中更加注重个性表现，追求标新立异，强调独特性购买。

4. 影响购后反应

中国消费者在消费行为完成后，如果感到不满，默默忍受息事宁人的较多，他们通常会向朋友、同事、亲戚倾诉自己的委屈和不满，较少通过投诉向商家提出正式交涉或通过法律途径解决；而欧美国家的消费者一旦在消费活动中受到伤害，则愿意寻求法律途径的帮助，保护自身的利益。

作业1-7：

1. 中国传统文化有哪些特点？这些特点如何影响到中国消费者的心理和行为？

2. 中国幅员辽阔，南北方亚文化特征差异明显。请谈谈我国南北方不同亚文化下人们的消费心理和消费行为的差异。

项目九　顾客投诉心理分析与处理

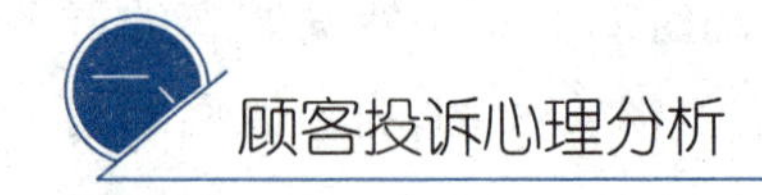

顾客投诉心理分析

深圳某著名公司的总经理钟先生来到北京某高级宾馆的中餐厅请几位重要外国客人吃饭。一行人围着餐桌坐好后，服务员小姜走过来为他们点菜。小姜首先用英语问坐在主宾位置上的外国客人需要什么菜肴，接着又依次问了其他客人需要什么菜肴和酒水，最后用英语问坐在主宾位置上的钟先生。钟先生看了她一眼，没有理会，小姜忙改用中文问钟先生，并递过菜单。钟先生没有接菜单，生气地对小姜说："你懂不懂规矩，请叫你们经理来一下。"

请问：钟先生生气的原因是什么？

酒店希望向客人提供完美的服务，但是难免会因为各方面的原因而引起客人的不满和抱怨，我们首先要正确认识顾客的投诉。不投诉并非顾客满意，投诉的顾客并不一定是敌意的，投诉有着经营管理方面的价值。酒店对顾客的投诉应持欢迎的态度，有人投诉，说明酒店的管理或服务存在疏漏，说明顾客的某些需求未被重视，处理投诉正是"亡羊补牢"，是提高服务质量、改善经营管理水平的机会。成功的酒店善于把投诉的消极面转化为积极面，通过处理投诉来促使自己不断改进工作，防止投诉再发生。正确认识顾客的投诉行为，就是不仅要看到投诉对酒店的消极影响，更重要的是把握投诉所隐含的对酒店的有利因素，变被动为主动，化消极为积极，通过诚恳的补救服务挽留顾客，挽回酒店的声誉。即使是顾客有意挑剔、无理取闹，酒店也可以从中吸取教训，提高服务人员的应变和处理投诉的能力，为提高经营管理水平积累经验，并促使制度不断完善，服务质量不断提高。

（一）顾客投诉的原因

从客观方面看，顾客投诉可能是因为酒店产品及设施设备有缺陷，导致顾客遭受损失；可能是服务人员态度不好，顾客感到没有得到应有的尊重和重视；可能是服务人员的服务有过失，效率不高，令顾客感到不舒适，感到物无所值，权益受损；可能是因酒店曾经做出的承诺未能兑现，令顾客产生被欺骗、被愚弄、不公平的愤怒心理。

从主观方面看，顾客自身的因素也可能导致投诉，主要体现在顾客在接受酒店服务过程中可能心情不好，会产生心理学上的“晕轮效应”，觉得酒店的产品和服务不好，有时甚至故意宣泄，因心境不佳而针对一些小事借题发挥。另外，不同顾客的要求不同，对酒店产品和服务质量的评价标准有差异，面对同样的产品和服务，不同的顾客感受有差异，于是有的顾客就满意，有的顾客则不满意而投诉。

（二）顾客投诉的心理诉求

1. 求尊重心理

顾客在接受服务过程中受到了怠慢，投诉是其获得尊重的重要途径。这类顾客投诉并不是为了物质的补偿，他们所需要的可能仅仅是一个解释、一个道歉、一个说法，他们希望自己的意见得到应有的重视，希望能得到有关人员的同情和尊重，希望有关部门能立即采取有效的措施处理问题。

2. 求帮助心理

顾客真实地感觉酒店提供的产品和服务与期望有差距，自己的生活和工作受到影响，希望通过投诉，酒店能改进工作，帮助自己，解决自己的实际困难。

3. 求发泄心理

顾客遇到不称心的事情后，会产生挫折感，会产生焦虑情绪，希望通过适当的方式将这些情绪宣泄出来，恢复心理平衡。

4. 挑剔、求表现心理

有些顾客自认为见多识广，对酒店产品和服务的内涵比一般人了解，于是在接受服务时喜欢以挑剔的眼光对待，故意寻找产品和服务的漏洞，以投诉的方式来表达不满。这类顾客投诉的目的主要是为了表现自己。

5. 求补偿心理

顾客在遭受到物质或精神损失后，希望能够得到一定的补偿，以弥补自己的损失。比如，顾客用餐时发现食物不新鲜，吃得不满意，于是找经理理论，要求折扣。在服务中经常会发现，当有些时候顾客觉得“物无所值”时，就会找点理由来要求打折以寻求心理平衡。

6. 闹事心理

这类顾客到酒店来不是真心实意来消费，其主要目的是“找茬”，因各种原因怀着恶意来闹事，他们往往希望把事情闹大，并不希望妥善解决问题，恶意破坏酒店的声誉。对待这类顾客要特别小心，酒店的相关领导应该出面处理。

作业1-8：

分析案例1-9回答问题。

案例1-9

“五·一”劳动节放假期间，何女士一家三口自驾到张家界旅游，入住张家界某酒店。因下雨，第一天旅游回到酒店，衣服鞋子都湿了，换了衣服，可鞋子没有换的，于是就要求客房服务员给房间送一卷卫生纸来，把鞋子给吸干一些，准备第二天继续穿。电话打到房务中心说明原因，可服务人员说一间房一天只能送一卷纸，不能多给。何女士说：“可不可以借我一个电吹风机用？”对方回答：“没有，对不起。”何女士很无望地问：“那我怎么办呀？”“我们也没办法。”服务员说完就挂了电话。

第二天何女士一家提前结账离开这家酒店，在服务台结账时正好接到一个朋友的电话，说他们几家人组团也来张家界旅游，问她住哪儿，想跟她一家人住一起。何女士跟朋友说：“别来这儿住，这家酒店太不近人情了，连多要一卷纸都不可以，我帮你们在其他酒店订房，等我电话。”

何女士的要求遭拒后并没有投诉。她为什么不投诉？客人不投诉好不好？酒店还有没有挽回余地？分析何女士的气质类型和性格。

（三）处理顾客投诉的心理策略

1. 真诚接待，耐心倾听

顾客前来投诉时，接待投诉的工作人员首先要起立问候，请客人坐下来，上茶，以缓和顾客的激动情绪；耐心倾听，不能打断他们诉说，可以适当做些笔记，以表示对顾客投诉的重视和真诚。

2. 安抚为主，避免争辩

不论顾客的投诉是否合理，服务人员都不应与顾客争辩，尤其是在顾客情绪激愤时，与顾客争辩不但不能消除顾客的不满，反而可能会使顾客的情绪更加激动。因此，解决投诉应以安抚顾客的情绪为主。

3. 弄清真相，妥善处理

接到投诉后，要尽快核实情况，找出投诉的缘由和出问题的环节，给顾客一个交代。如果是比较简单的问题，应该当时就予以解决。如果顾客的投诉是由于误会造成的，工作人员则应妥当解释，消除误会，同时对顾客的投诉表示真诚谢意。如果已经给顾客造成了物质上的损失或精神上的伤害，除了道歉以外还要适当给予补偿。当情况比较复杂而不能马上解决时，也要告诉客人问题处理的过程和需要的时间，并跟踪处理问题的进度，及时与客人沟通，征求客人意见，令客人满意为止。

4. 妥当道歉，谨慎解释

对由酒店员工的失误或不可抗力引起的顾客投诉，需要服务人员真诚向顾客道歉，以争取顾客的谅解和理解，缓和其不满情绪。有误会需要解释时，一定要等客人情绪缓和稳定后心平气和地进行，柔性解释能使顾客感受到酒店的诚意。

5. 注意维护酒店利益

顾客投诉的心理很复杂，有些顾客投诉的目的是为了获得补偿，甚至心怀恶意，寻衅闹事，搞破坏，所以一定要分清具体情况，不能顾客一闹事就妥协，就答应他的补偿要求，要注意维护酒店的利益。

作业1-9:

分析案例 1-10，回答问题。

广州某高星级酒店大堂。行李生小吴正在上班，因昨天跟女朋友吵了架，一直到上班前女朋友都不接他的电话，他有些担心，上班都没心思。外面在下雨，住客毛教授急着要出去办事，自己又没带雨伞，于是问站在门边的小吴：“小伙子，有雨伞借用一下吗？”小吴正在想自己的心思，没听见，于是毛教授又大声地问了一句，把小吴吓一跳，小吴感到客人态度不好，就漫不经心地往门口一努嘴：“喏。”偏巧毛教授高度近视，没看见门口的雨伞架，问：“在哪儿呢？你跟我开玩笑吧？”小吴更不耐烦了：“你什么眼神啊?！不就在门口吗?！”毛教授听小吴这样说当然很生气，就冲着大堂副理喊：“你们这儿什么服务态度?！怎么这样对待客人?！”

(1) 分析毛教授的投诉心理。

(2) 作为大堂副理应该怎么妥当处理此事？

(3) 毛教授投诉后，作为小吴本人又应该采取怎样的补救措施？

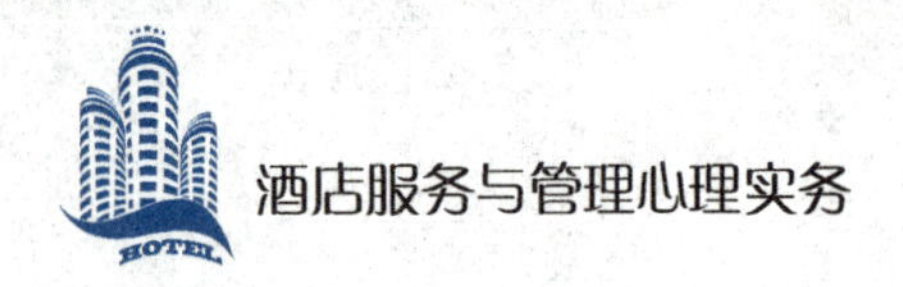

项目十　优质服务心理分析与服务应对

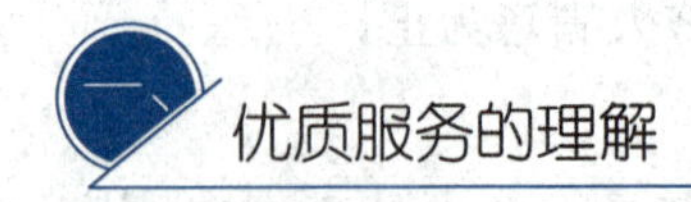

一、优质服务的理解

酒店经营管理的目标是向顾客提供最佳的服务。现代酒店面临的市场竞争日趋激烈，顾客对酒店服务的要求越来越高，除了满足顾客的物质需求外，还要满足顾客的优质服务心理需求，才能实现酒店这一目标。

优质服务是指以顾客需要为核心，以质量和效率为保证，为每一位顾客提供常规性服务加个性化服务，令顾客满意加惊喜。服务的本质是通过自己的劳动为他人创造价值，酒店服务表现为一个过程，对顾客来说，这个过程也是他的一个经历，顾客在这个经历中除了得到基本需求的满足外还能否获得快乐体验，是顾客能否评价这次服务为优质服务的基础。

二、优质服务的心理需求

（一）优良的服务态度

服务态度是指服务人员在对服务工作的认识和理解的基础之上对顾客的情感和行为倾向。具体说，就是对顾客的光临持欢迎的态度，将顾客的要求视为合理的要求。服务态度与角色意识密切相关，正确的角色意识有利于形成良好的态度。态度还与个性相关，如具有乐观、外倾、情绪稳定等性格的服务人员较易形成良好的服务态度。良好的服务态度还与自我尊重有关。尊重自己所从事的服务工作，是建立良好服务态度的重要前提。服务人员在不安和自卑的心态下很难形成良好的服务态度。此外，良好的服务态度还与自信心密切相关，而自信的一个重要来源是不断地自我提高。

（二）高效的服务

高效的服务与无效的服务有着很大的差别，服务人员的心理定势、内心态度以及处理人与人之间的关系的技巧是决定服务是否高效的关键因素。首先，工作的程序应做到尽量简洁明了，使服务对象不会等待太长时间；其次，服务人员的反应速度也要做到最快。

（三）注重细节

近年来服务的细节也成为酒店优质服务的评判标准之一，注重对服务对象的细节观察，有助于提升客人的满意度，因此要求服务人员具有极强的洞察力，对客人的眼神、举手投足都应该细致入微地观察，提早知道客人需要什么，这是提供优质服务的关键。

（四）个性化服务

个性化服务越来越成为酒店业竞相模仿的一项重要的服务标准，以为不同级别、不同类型的消费者提供多样化的服务为准则，这就要求服务人员要有随机应变的能力，同时也要了解客人的喜好，与客人有心灵上的沟通，这对提供个性化服务是十分有利的。

（五）科学的服务策略

酒店服务活动是在与顾客的交往中进行的，要想取得良好的服务效果，就必须把握顾客的心理状态并采取相应的服务策略。顾客的心理状态是其情绪和积极性的结合，在为顾客服务时，服务人员应根据顾客的不同心理状态来进行服务。在顾客情绪好积极性高的心理状态下，顾客的消费欲望强烈，乐于接受服务人员的服务和推荐，此时服务人员应采取积极服务策略，积极进行服务引导，提高顾客的愉悦情绪，促成更多的消费行为；在顾客情绪好积极性低时，其消费欲望低，但不排斥服务和推介，此时，服务人员可以探测其兴趣点所在，针对性地适度引导其消费欲望；在顾客情绪不好积极性低时，其消费欲望低，比较悲观失望，不愿意接受更多的服务，此时，服务人员应采取顺其自然的服务策略，以防顾客的情绪向激烈、消极的方向转化；在顾客情绪不好积极性高时，顾客仍愿意消费，但在接受服务时容易产生冲动，稍有不满就易与服务人员发生冲突，此时，服务人员应该采取消极服务策略，要有分寸地提供服务，不宜进行积极推介和引导，主要是根据顾客的要求提供服务，并尽量避免引起冲突。

（六）恰当的服务时机

有时候服务人员的热情服务不仅得不到顾客的欢迎，反而会引起顾客的厌烦和不满，是因为服务时机不恰当造成的。服务时机的恰当把握，是提供优质服务的一个

重要内容。

服务时机的把握可以通过酒店管理制度和服务设施得到保证。例如，酒店客房部通常规定，客房服务员进入客房清扫时，必须注意住客是否启动“请勿打扰”标志牌。

服务时机的把握更多地靠服务人员的耐心细致。例如，酒店餐厅客人正在用餐，服务人员看到客人酒杯已空，本应立即上前续酒，但如果两位客人正聊得欢，亲密无间，此时过去续酒则会打扰客人，应等待客人的目光示意后再上前续酒水才恰当。

服务时机的把握主要靠服务人员的直觉、感觉、经验和领悟，它是服务人员主动精神、进取精神的表现，注意观察顾客的神态表情和访谈话语，注意顾客所处的情境和场所，情境不同，顾客的心境不同，其对服务的内容、方式和需求的迫切程度也就不同，所需要的服务时机也就不同。

资料1-5

成功的酒店优质服务案例分析

1. 希尔顿酒店“微笑服务”

希尔顿经营旅馆业的座右铭是：“你今天对客人微笑了吗?”康拉德·希尔顿在酒店成立初期便一直探索简单、易行、不花本钱却又行之长久的经营策略，他认为只有微笑才同时满足多个条件，且能发挥强大的功效。从此，“微笑服务”就成了希尔顿旅馆经营的一大理念。这也是希尔顿所著的《宾至如归》中的核心内容。许多年来，希尔顿酒店一直是当今世界的“酒店之王”，微笑服务便是这一辉煌成就的功臣。希尔顿的成功，证明了一个道理，那就是在这个服务业盛行的年代，服务对象就是上帝，他们既然消费了，那么他们就应该得到他们所应该得到的，服务业所售卖的不是有形的商品，而是无形的商品和服务。这种无形的服务既包括身体上得到的享受，同时还包括精神上和心灵上的满足。能同时兼顾消费者的精神和身体上的享受是提供优质服务的决定性因素。在酒店业激烈的竞争中，各个酒店都可以满足消费者生理上的享受，他们都可以提供好的酒店环境以及基础设施，重要的是心灵上的满足。而此时，希尔顿的微笑服务就不容小觑了。希尔顿曾这样说过：“微笑是属于顾客的阳光。”一个善意的微笑就是一缕明媚的阳光，而顾客有权利得到这缕阳光甚至更多。希尔顿在 60 多年里，会经常到世界各国的希尔顿酒店分店视察、探访，他每天都会在不同的国度、不同的地区专程去看看希尔顿的“微笑服务”是否得到真正的落实。希尔顿酒店的服务员们都知道不一定在什么时候，老板会忽然出现对你问上一句：“今天你对客人微笑了吗?”正是这种理念成就了希尔顿。

2. 香格里拉的殷勤好客之路

香格里拉酒店集团旗下现有50多家分社，是整个亚洲地区最大的豪华酒店集团之一，也在世界最佳酒店排名中居于前列。香格里拉在海内外都具有极强的影响力，被很多家网络大众媒体评选为“亚太地区最佳商务酒店品牌”“世界级豪华住宿酒店”“东南亚最受欢迎的酒店品牌”。探其原因，酒店品牌的定位准确，最重要的或许就是香格里拉酒店一直以来贯彻的服务理念“do more”。在香格里拉酒店，服务人员处处为顾客提供着别出心裁的优秀服务，酒店要求服务人员要善于与服务对象用心交流，这是酒店的灵魂所在。酒店特别强调员工要用心、真诚地对待客人，把客人视作自己的亲人朋友，为他们做得更多，同时兼顾细节与效率。这一点或许也是香格里拉获得成功的关键。

香格里拉素来推崇体贴的亚洲款客之道。酒店秉持亚洲独有的礼宾风尚为顾客效劳，服务体贴入微，令每位顾客称心如意。正是这份殷勤待客之道，让香格里拉的服务傲视同群，在酒店业稳占翘楚地位，但这种服务又不是一成不变的，而是凸显酒店所在地区的独特文化和风俗，让旅客亲身体验地方情怀。

项目名称	评价要求	满分	小组评分	老师评分
考勤及仪容仪表	按时签到，仪容仪表符合规范	10		
心理基础知识认知	认真听老师讲课，做好学习笔记；小组认真讨论，归纳心理、服务、管理等概念要准确	15		
顾客购买决策分析	认真听老师讲课，做好学习笔记；仔细分析理解顾客购买决策的影响因素，完成作业	10		
顾客的个性分析与服务应对	积极参与小组讨论，完成表格内容，正确理解人格、气质、性格、能力等概念，掌握相应的服务策略	20		
顾客感知、情感及态度分析与服务应对	认真讨论并理解感知觉、情感、态度等概念，完成作业，能在服务情境中根据顾客情感及态度提供相应的服务	20		
顾客的需要、动机分析与服务应对	认真查找资料，完成作业；积极参与小组讨论，掌握不同顾客的需要和动机类型，提出相应服务策略	15		

（续表）

项目名称	评价要求	满分	小组评分	老师评分
顾客投诉心理分析与处理	通过角色扮演，仔细分析顾客投诉的心理状态，正确理解顾客投诉的要求，妥当处理投诉，提供服务缺陷补救	10		
总分		100		
评价人：				学员：

课后查阅资料，了解生活方式的概念，分析理解生活方式对顾客消费行为的影响。

第二篇 员工心理分析与行为控制

学习基础

本篇的学习任务的完成要求学生具备一定的酒店人力资源管理基础知识和意识，有较强的观察能力、判断能力和思辨能力，具备熟练的前厅、客房、餐饮、康乐等服务技能和运行管理理念，具有良好的人际沟通能力，具备较强的职业意识和敬业精神。

学习目标

(1) 认知偏见、归因、激励、挫折、压力、疲劳等心理学概念。

(2) 了解酒店员工的心理素质要求。

(3) 分析掌握酒店员工的个性、感知、情绪、需要、态度等心理特点，并学会调整自身的心理状态。

(4) 学会对自身的情绪进行有效管理，创设一个良好的工作氛围。

(5) 分析员工压力与疲劳产生的原因，并学会缓解压力与疲劳。

(6) 学会判断员工自身的常见心理问题，并能进行有效的应对。

工作任务

认知员工心理特征，学会员工行为控制。

任务说明：要求学生学习心理学的基础知识；分析酒店员工应具备的心理素质要求，以及员工存在的心理素质缺陷；掌握员工沟通与人际关系调节的重要性及方法；分析员工常见的心理问题及解决办法；学会对自己的情绪进行有效管理；分析员工的工作压力及疲劳产生原因，并寻找出缓解压力、消除疲劳的方法；学会在工作和生活

中的心理调节与行为控制。

在学习员工自我心理调节与行为控制的过程中，要求学生将前面所掌握的酒店服务与运行管理的技能与正在学习的心理学知识相融合，运用所学心理学知识解决酒店服务与管理的实际问题；同时还要求学生充分认识了解掌握自我心理的重要性，并学会在工作中随时调节好自己的心理，控制好自身的行为，既能使自己保持愉悦的心情工作，又能与顾客及同事保持和谐的关系，提高工作绩效。

实施计划

(1) 了解任务内容。
(2) 根据工作任务内容制定工作计划。
(3) 实施计划，进行操作过程记录。
(4) 学生分组评价自己和其他组的优缺点。
(5) 老师讲评工作过程的不足之处和注意事项。

项目的实施

项目一　员工的心理素质要求

案例2-1

田婧是某旅游学院酒店管理专业的毕业生。她在校学习时由于性格开朗，为人主动大方，深受同学的喜爱，但也因为个性太强，自控能力太差，冲动犯错而两次受到通报批评。现在她应聘为一家五星级酒店的前台接待员，很快她就与同事们融为一体，关系和谐。上班一周后，有一天她正在接待一位珠光宝气的女士，她感觉这位女士态度非常傲慢，从眼神中看出这位女士瞧不起她，于是心里就不痛快，因一点小事就跟这位女士吵了起来。

第二天，酒店人事部通知她中止试用，请她到人事部办理离职手续。

显然，田婧身上有一些不适合酒店工作要求的特征。那么，酒店员工除要求具备较强的专业能力外，还需要具备哪些心理素质呢？

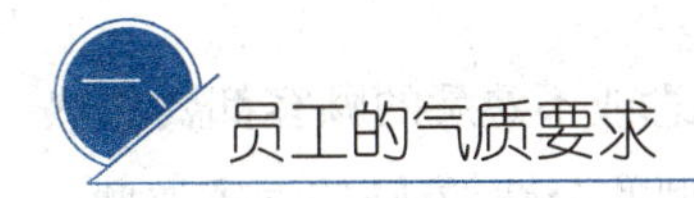

一、员工的气质要求

酒店工作对服务人员的气质要求一般包括感受性、灵敏性不宜过强，忍耐性较强，情绪兴奋性不能弱，适应性、情绪稳定性和灵活性较强，外倾。

（一）感受性、灵敏性不宜太高

感受性是个体对刺激的感觉能力；灵敏性是个体心理反应的速度和动作的敏捷程度。由于服务工作的特殊性，酒店员工每天置身于复杂的、变化的顾客之中，与各种顾客发生着频繁的人际交往，如果感受性太高，稍有刺激就会引起心理反应，就易造成精力不集中，注意力涣散，导致劳动效率的下降。如果感受性太低，对身边发生的事情视而不见，又会怠慢客人，导致服务冲突的发生。因此，为了保证工作人员热情饱满的工作状态，其感受性不宜太高，也不宜太低。另外，如果灵敏性过高，也会给顾客一种不稳重、急躁的印象，服务员本身也会感到疲劳和紧张。正常的灵敏性应符合“接一顾二招呼三”的要求，并能根据客流量的情况随时调节自己的服务节奏。

（二）耐受性和情绪兴奋性不能低

耐受性是指个体在遇到各种刺激和压力时的心理承受能力。酒店服务工作是一种既单调又复杂的工作，同样一句话，同样一个动作，每天都要重复无数次。服务人员经过一天紧张忙碌的工作身心十分疲惫，此时服务人员的最后一句话、最后一个动作是否能保持如开头一样热情和认真，对服务工作来说非常重要。当服务过程中与顾客产生一些矛盾冲突时，服务人员能否忍耐下来，“把对让给客人”，是考验服务人员服务意识的重要方面。

情绪兴奋性是指神经系统兴奋与抑制的平衡性。当服务人员碰到各种情境能控制好自己的情绪，该兴奋时兴奋，该抑制时抑制，做到掌控自如，就表明其情绪兴奋性高。

（三）灵活性强

由于顾客千差万别，顾客的要求也千变万化，服务工作没有固定的模式，总是要因人、因事、因时而异。因此，要求服务人员应具备较强的灵活性，具备较好的应变能力和对环境的适应能力才能符合工作的需要，工作中才能得心应手。

（四）外倾性

酒店工作的特点是需要不断跟陌生人交往，不管见到熟悉或不熟悉的顾客都要求热情周到，甚至产生“一见如故”感。因此，服务人员必须是开放型的个性，外倾的气质类型。

但是，酒店不同岗位对员工气质要求也是有差异的。

作业2-1：

根据前面所学气质的分类以及不同气质类型的特征，分析前台接待员、收银员、大堂副理、客房服务员、餐厅服务员、健身房服务员分别由哪种气质类型的人承担更合适？

1. 前台接待员
2. 收银员
3. 大堂副理
4. 客房服务员
5. 餐厅服务员
6. 健身房服务员

二、员工的性格要求

酒店员工的性格要求可以归纳为以下七点。

（一）热情和真诚

服务人员的热情和真诚能使顾客感到亲切并乐于接受其服务；相反，一个冷漠、虚伪的服务人员很难取得顾客的信任。

（二）宽容和豁达

宽容而豁达的服务人员使顾客乐意接近；刻薄的服务人员则会导致酒店内部人际关系紧张，使员工工作热情降低，易破坏酒店员工之间的团结。

（三）谦虚与随和

酒店服务工作要求员工自带一种亲切感，为人处世谦虚随和，则使顾客易于接近，消除对酒店的陌生感和敌意，员工之间也易于协调合作；傲慢的人容易使人产生疏离感，不适合从事服务工作。

（四）沉着和冷静

酒店顾客来自世界各地，其修养、性格、文化背景、心态各异，在服务过程中，突发事件和来自顾客的突发要求是难以避免的。如果服务人员能保持沉着和冷静，许多突发情境就不易恶化；相反，冲动是优质服务的大敌，冲动性行为会给顾客带来伤害，给酒店带来损失，对服务人员自身也是不利的。

（五）乐观和自信

乐观或悲观的性格表现具有传染性。一个乐观的服务人员能够影响顾客的心理状态，使他们保持愉悦的心情，或缓解其不良情绪。自信是乐观、沉着、冷静和努力的基础，也是工作成功的基础。

（六）适度主动性

适度主动性是酒店服务所要求的一个重要心理倾向，是顾客消费的一般要求。顾客往往能够从服务人员的适度主动性中得到尊重需要的满足。这里需要强调的是，主动行为要适度，过度的主动可能会引起顾客的警惕和反感。

（七）自觉性和自制力

这是性格中的意志特征。自觉性是指个体主动克服困难向既定目标努力的程度。自制力是一种对个人的情感、行为的约束力。酒店服务工作不可避免地会遇到一些不愉快的情境，这就要求服务员能够控制自己的情绪，迅速调节自己的情绪状态。

作业2-2：

1. 根据以上要求，你认为自己是否具备这些性格要求？

2. 性格是可以改变的，你认为自己应该在哪些方面进行性格的改变以适应酒店的工作要求？

三、员工的能力要求

酒店员工的能力不仅是完成日常酒店服务工作的前提，直接影响服务效率和服

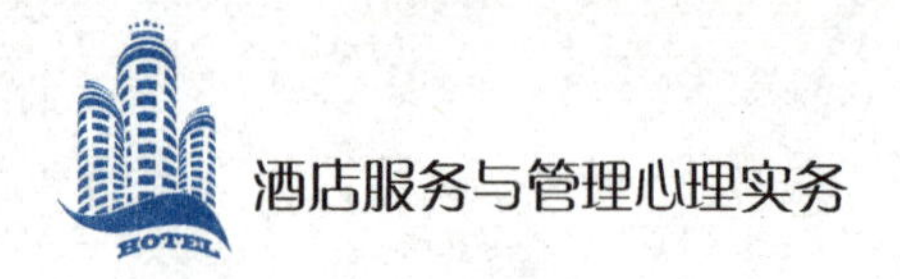

务效果，而且是影响酒店服务质量和水平的主要因素。职业心理对酒店员工的能力要求有以下七个方面。

（一）敏锐的观察力

服务人员的观察力主要体现在对顾客、事件和事态的判断上。对顾客的观察主要体现在对气质、性格、需要、身份、意图、观念和认知的判断以及对顾客的社会阶层、文化和亚文化类型的判断上，服务人员可以通过顾客的言语、表情、动作、穿着、社交等方面进行观察判断。观察既是一个运用肉眼和其他感官的过程，也是一个使用大脑的过程。服务人员自身的知识、观念和情感倾向都会影响观察结果。

要培养敏锐的观察力，就要热爱自己的职业，有浓厚的观察兴趣；要有持久而稳定的注意力；要积极思维，认真进行分析、综合，掌握其中的规律。

案例2-2

满意加惊喜

一位客人下榻到一家酒店，行李生见客人一下车便迅速地迎上前去接过行李，并问候："欢迎光临，史密斯先生。"这位客人一愣，但马上报以微笑。

行李生接着热情地引领客人进入酒店大堂，问明客人要登记入住以后，行李生又提着行李带客人走向前台，到接待处后，行李生说："这是史密斯先生，他想住在我们酒店。"客人又一愣，心想："他究竟是怎么知道我姓史密斯的？"不过，他心里也挺高兴，因为有人可以叫出他的名字。

史密斯先生并没有预订过房间，此前也没有入住过这家酒店，就连与这家酒店同一集团的酒店也没有住过，并且这个国家对史密斯先生来说都是非常陌生的，可是这位行李生是怎么知道史密斯先生的名字的呢？

原来行李生在为史密斯先生搬行李的时候，就留意到行李上的行李牌了，在接行李的一刹那发现行李牌上写着这位客人的名字——史密斯。

（二）良好的记忆力

良好的记忆力是提供优质服务的智力基础。酒店工作中需要记忆的方面有很多，要记住所有设备的使用方法、服务程序和规章制度、菜品的名称和特点、顾客的姓名和特点、酒店的营业场所及营业时间，等等，没有良好的记忆力是不行的。

要培养良好的记忆力，必须要明确任务目的，加深对工作任务的理解，树立信心，并且掌握必要的记忆技巧和方法。

（三）较强的集中和分配注意力的能力

注意是心理活动时对一定对象的指向和集中，它不是一种心理过程，而是伴随着心理活动的一种状态。在认知活动中有了注意的参与始终能够帮助人们将心理能量集中于某一特定的目标，使认知活动能够顺利进行。酒店服务人员在工作中首先应保持注意的稳定性，将注意力相对集中在顾客身上，随时提供优质服务。同时，还应根据具体情况把握注意的范围，当客流量大时，要集中自己的注意范围，以便掌握顾客的心理变化，及时给予合理满足。在实践中，要加强注意的合理分配，做到“一心多用”，培养“眼观六路，耳听八方”的职业习惯。

（四）较强的语言表达能力

语言表达能力是服务人员的基本功，不仅包括述说能力，还包括倾听能力、询问能力、应答能力。语言表达能力的心理效应主要表现在：一是文明礼貌的语言表达能引发顾客发自内心的好感，起到吸引顾客的心理效应；二是简练明了、适当中肯的语言表达能增强顾客的信任感，起到说服顾客的心理效应；三是谦逊亲切、生动优美的语言表达便于与顾客沟通情感，能激起顾客的消费兴趣，起到感染顾客的心理效应；四是适应对象、灵活变换的语言表达能给顾客以亲切感，起到争取顾客的心理效应。

培养员工良好的语言表达能力，要拓展阅读面，丰富自己的知识和词汇；与顾客沟通时注意力集中，增强理解力；平时注意养成好习惯，净化语言，不说脏话，杜绝口头禅；坚持用普通话交流，努力学习外语、地方语言，使自己的语言表达更加丰富。

（五）较强的情感控制能力和表现能力

人总是对客观事物有情感和情绪反应的，但这种反应根据条件要求应控制在适度的范围内。酒店服务人员应具备一定的情绪情感控制能力，特别是消极情绪的控制能力，在工作中能够表现自己的乐观情绪和情感。调节情绪和情感的一个重要方法是淡化不利情境对情绪情感的消极影响，善于控制情绪和情感的人总是着眼于长期有利的结果。如果我们在面对不利情境时，能够认识到现在采取积极、乐观的反应有利于长远发展，则消极情绪就会得到缓解。经常进行这样的训练，能使我们形成习惯化的心理定势，情绪调节和控制能力就会得到增强。

（六）较强的应变能力

应变能力是指处理突发事件和技术性事故的能力，它要求服务人员在问题面前沉着冷静，果断抓住时间和空间的机遇，排除干扰，使问题的解决朝着自己的意愿发

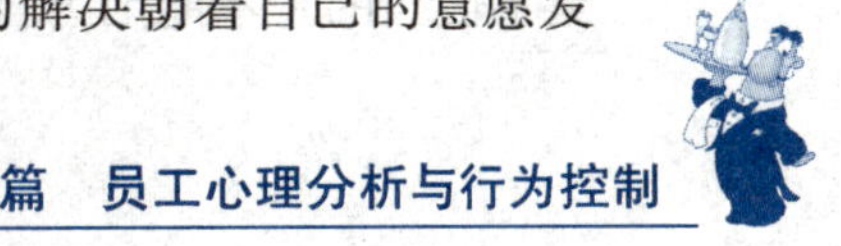

展。同时,在处理问题的过程中,既讲政策性,又讲灵活性,善于听取意见,正确处理各种关系和矛盾。

(七)熟练的服务技能

酒店工作岗位众多,不同的工作岗位服务技能不同。熟练的服务技能不仅包括娴熟的操作技巧和服务技艺,而且还要有丰富的专业知识和相关信息。具备这样素质的酒店工作人员服务效率高、精确度高,对顾客心理有较强的感染力,使顾客易产生惠顾消费的心理欲望。同时,熟练的服务技能还是一种无声的广告,对酒店的声誉起着宣传作用。

提高酒店服务人员的技能水平,不仅要求服务员要具备一定的文化素质和职业情感,还要进行相应的训练,定时进行技术水平考核,实行职业技能鉴定,制订相关奖惩制度,以形成提高服务技能的浓厚氛围。

思考:学生在校学习阶段应该如何培养以上七个方面的能力?

四、职业意识的要求

(一)角色意识的要求

每个人在某一社会和团体都有一个标志自己地位和身份的位置,即社会角色,而社会也就对占有这一位置的人提出期望,并赋予他与其所占有的社会位置相适应的一套权利、义务和行为准则,并以此来评判他的角色承担情况。社会角色是非个性的,不论什么人,也不管他有什么个性,只要他承担了某种角色,就必须按照角色赋予的规范去行动。

在酒店服务中,顾客和服务人员是不同的社会角色。作为服务人员这一社会角色,必须尽心尽力为顾客服务,尊重顾客,这是社会角色的要求。如果服务人员在心理上不能适应其所充当的角色,不善于处理自己与顾客之间的关系,就会带来服务质量上的问题。虽然服务人员与顾客之间的这种角色关系是不平等的,但就人格而言,他们是平等的。作为酒店服务人员既然选择了这一社会角色,就要努力去学习角色、适应角色、实现角色的要求。如果不考虑双方所扮演的角色,只强调“你是人,我也是人”是不恰当的。不能因为自己扮演了提供服务的角色,就认为自己是生活中的弱者;也不能为了表明自己不是弱者，就故意用傲慢的、生硬的态度去对待自己的服务对象。

（二）服务意识的要求

服务意识是指服务人员随时为顾客提供各种服务的积极的思想准备。服务有主动服务和被动服务之分，主动服务是指在顾客尚未提出要求之前就能根据顾客的心理，提供顾客所需的服务。良好的服务意识就是要求我们能提供主动服务，做到真诚待客、尊重顾客、言行一致、为顾客着想。

1. 真诚待客

真诚待客主要体现为友善而诚恳，热情而亲切，主动而周到。

2. 尊重顾客

尊重顾客主要体现在：对顾客各种要求的尊重，要假定顾客的要求都是合理的；对顾客怒气的理解，要假定顾客的怒气都有合理的成分；对顾客的理让，在解决与顾客的冲突时，要克制自己的情绪，维护顾客的利益；永不与顾客争辩，假使顾客不对，也不要抓住不放，要大度、宽容。

3. 言行一致

言行一致主要体现在对顾客的承诺要兑现，服务人员也要慎重承诺，明显做不到的，或者损害酒店利益的要求不能信口许诺。

4. 为顾客着想

全面而周到地为顾客的利益着想是服务人员必须树立的意识。服务人员做到想顾客之所想，急顾客之所急，自然能够赢得顾客的理解和尊重。

案例2-3

无奈的等待

某酒店是一家老酒店，从二十年前开业至今，已经几次重新装修改造，许多设施设备没来得及更换，显得很落伍，有些设施的运转都不是很正常，以客房的电视机为例，几年前装修时没来得及更换，现在经常出现问题。

有一天，一位客人入住1008房，这个房间的电视机恰巧坏了，客人向客房服务员提出了这个问题，服务员十分痛快地答应帮忙解决。客人于是回房等候来人解决问题，可是左等右等都没人来，等了三个多小时也没有消息，客人又找到这个服务员向她询问原因。客房服务员答道："我已经通知了工程部，并且出维修单给他们了，现在你要与工程部联系才行。"

客人一脸无奈，他怎么知道如何与工程部联系？

（三）形象意识的要求

酒店服务人员要树立的形象意识包括两方面，即酒店的社会形象和员工个人的职业形象。

酒店的社会形象是指社会公众对酒店在经营活动中的行为特征和精神面貌的总体印象，以及由此产生的总体评价。影响一个酒店形象的因素很多，不仅包括设施设备、经营方针、管理效率以及店容店貌，还包括服务人员的素质及服务行为，如总机、迎宾、行李、接待等窗口服务人员都应该树立良好的形象意识，明确自己所做的工作都是酒店形象的重要组成部分，从而全面提高自己的知识和技能水平，在客户服务中注重礼仪规范，做到热情、主动、周到、细致，在处理顾客关系上不断提高道德修养，坚持顾客至上、服务第一的原则。

员工个人也要树立形象意识，要有端庄的仪表，包括端庄的容貌、姣好的体态、得体的笑容、美观大方的服装服饰等，既体现了对顾客和本职工作的尊重，也能增强自己的信心。

员工还应该表现出得体的风度。服务人员的风度是指他们在站立、行走、操作时的姿态、表情及由此表现出来的个性特征。酒店工作要求服务人员具备自然得体、大方文雅、稳重而朝气蓬勃的风度。

（四）合作意识的要求

酒店的服务并不是单个人完成的，往往由多个部门、许多服务人员通力合作完成，部门与部门之间要做好业务的衔接和协作，员工与员工之间要做好工作的交接和配合。当一位客人来到酒店入住，在他的整个消费过程中，从前台接待、行李服务、客房服务、餐饮服务、总机服务到退房结账离店，需要众多部门分工协作，使顾客的服务需要得以顺利实现。酒店要求每位员工都应有合作精神，要放弃本位主义，在服务中积极“补位”，勇于承担责任，当总体利益与个人利益冲突时，要以全局为重。

（五）职业习惯的要求

习惯是构成性格的重要组成部分。养成良好的习惯对酒店服务人员提高服务质量具有重要意义。

1. 保持微笑的习惯

微笑服务是酒店工作人员的重要习惯，微笑不仅会带给顾客轻松感和亲切感，还可以化解顾客的不满。酒店不仅要求服务人员向顾客微笑，管理人员也要经常对基层服务人员微笑，用微笑营造出整个酒店的温馨氛围。

2. 通畅的沟通习惯

服务的各个环节之间遇事主动、及时沟通，可以减少误会，增强协作效果，提高工作效率，提高对客服务质量。沟通的途径有很多，如岗位交接班工作、部门班前例会班后例会、部门之间的协调会等。

3. 勇于承担责任的习惯

“人非圣贤，孰能无过”，当顾客提出意见时，员工把责任推到其他同事或其他部门，甚至推到领导身上，都是不负责任的做法，不管你把责任推到谁的身上，顾客只认酒店的错，没有解决他的问题，只会令其更加不满，进一步损害酒店的形象和利益。因此，一旦出现责任问题，员工就要勇于承担责任，第一时间面对顾客承认错误，解决问题，养成好习惯。

4. 礼让的好习惯

对客要主动礼让，客人使用酒店公共设施时服务人员应该自觉礼让，如让顾客优先出入电梯，在走廊通道让顾客先行等。

5. 轻言轻语、动作轻盈的好习惯

酒店要求员工“三轻”，即走路轻、讲话轻、操作轻。轻言轻语、操作轻的习惯既是对他人的尊重，也是员工素质和酒店形象的重要体现。

“麻烦”的客人

因工作需要，刘先生准备在某饭店长住一年，该饭店没有单人间，刘先生就租用了一间标准间。一周后，刘先生觉得自己一个人住在标准间挺不舒服，床太小，两张床又占地方，就向客房部黄经理提出能否给他换张大床，黄经理认为客人的要求是合理的，就专门购置了大床，满足了刘先生的需求。又一周后，刘先生找到黄经理，提出能否给他的房间多加一个衣柜，因为刘先生一年四季的衣服在壁橱里根本放不下，于是，黄经理就与刘先生商量：“您可以把衣服寄放在饭店洗衣房的布草间里？”刘先生不同意，他说：“每次穿衣时都要与你们联系，岂不麻烦死啦?!”黄经理认为刘先生也有道理，就给他专门添置了衣柜。再一周后，刘先生又找到黄经理，要求长借一块烫衣板和一只熨斗，他说：“每次我刚借来熨斗，你们的服务员就来催问我什么时候还，我总想在自己最方便的时候熨衣服。”黄经理想了想，就对刘先生说：“我会通知服务员满足您的要求。”

刘先生离开后，黄经理就在嘟哝：“那么麻烦的客人，还不如不接！”

思考：本案例中是刘先生“麻烦”，还是黄经理的服务意识不强？请谈谈你的看法。

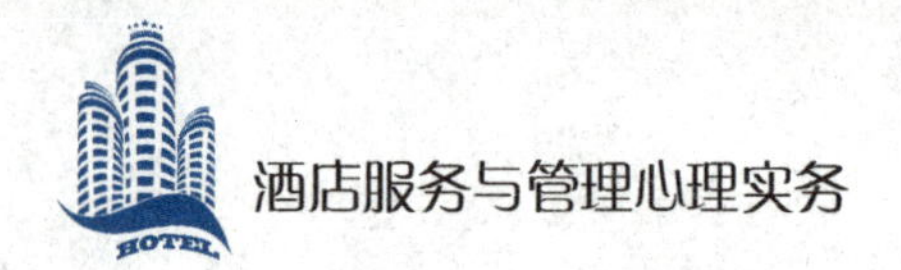

作业2-3:

在某旅游学院酒店管理专业的学生中经常看到以下现象，请分析他们的这些情况是否符合他们的职业要求。

1. 晚自习技能训练时，因小李同学不小心碰撞了他一下，小张同学差点打碎了酒瓶，小张便破口大骂小李，两人因此而打架受处分。

2. 快上课了，黄老师手上抱了一摞作业本和教案，还端着一杯茶，到了教室门口很困难地用钥匙开门，此时小叶同学就站在教室门口等黄老师开门，对老师的高难度动作视而不见。

3. 教室里正在上专业课，黄老师背对着教室的门在辅导学生的学习，系主任带领着的一行人来到专业教室门口，想要进来参观，可教室门反锁着。离教室门口最近的几位同学看到了系主任一行，却不去开门而是大声叫黄老师。

4. 专业学习已经进入到了第三学期，酒吧管理课程的开设给了大家新的兴趣，老师要求按程序接待顾客，大部分同学很有热情地用中文接待时，小林同学主动用英语接待客人。

项目二　人际关系协调与员工沟通

一、员工人际关系协调

(一) 人际关系的概念

人际关系是指人们在社会实践活动中相互交往而结成的各种关系。人际关系主要是一种心理关系，情感因素在其中起着主导作用，制约着人际关系的亲疏、深浅和稳定程度。

人际关系一般可分为积极关系、消极关系和中性关系。不同类型的关系伴随着不同的情感体验。积极的关系使当事人双方在交往中都会感到心情舒畅，有助于工作、学习和身体健康；而消极的关系则会给双方带来不愉快的体验，使人产生严重的忧愁和苦闷，不利于工作、学习和生活。所以，我们都要充分重视良好人际关系的建立和维护。

（二）影响人际关系的因素

1. 空间接近因素

一般而言，空间上接近容易建立良好的人际关系，虽然空间距离不是人际关系好坏的唯一的、决定性因素，但空间距离接近的优势无疑是影响人际交往的一个有利条件，常言道“远亲不如近邻”，再比如同学、同事、同车上下班等关系也较为亲密。空间距离因素对于素不相识的人来说在形成人际关系的初期尤其有着重要的作用，但这一因素随着时间的推移，其发挥的作用将会越来越小，尤其是当双方人际关系紧张时，空间距离越近，交往越频繁，人际关系反而会越紧张。

2. 心理相悦因素

这里所说的心理相悦是指人与人之间在心理上、情感上相互欣赏、相互接纳和肯定。当人们彼此从对方的言谈举止中感到对方能够接纳自己和喜欢自己时，就容易产生巨大的相互吸引力，从而建立起良好的人际关系。在人际交往中，人们往往喜欢那些喜欢自己的人，而对那些讨厌自己的人则敬而远之。

人们常常很敏感地从他人的评价和态度上体会自己是否被人接纳和肯定。希望得到他人的好评和称赞是一种正常的心理现象，人们总是从别人良好的评价中了解自己在群体或在别人心目中的地位，从而产生一种被承认和被接纳的满足感。如果能从对方友好的态度中感到愉快，相互之间就产生了建立良好人际关系的基础。在多数情况下，人们也能心悦诚服地接受他人善意而合理的批评，这也同样出于别人对自己的接纳和喜欢。

3. 相似或互补因素

中国有两句成语“惺惺相惜”“刚柔相济”，前者是指才智相似的人会彼此接近，后者则指两个性情不同的人却能和谐相处。前一种情形称为相似性，后一种情形称为互补性。

在现实生活中，如果交往的双方能意识到彼此在个人特性方面的相似性，就容易产生人际吸引并产生相见恨晚的感觉，并且相似性越多越接近，就越能产生好感。人们相类似的因素主要有年龄、学历、兴趣、爱好、态度、宗教信仰、政治理念、价值观等。

互补性之所以能够成为人际吸引的条件，是因为在个人的兴趣、专业、特殊才能等方面多数人都会有希望自己所缺者由别人补足的心理倾向，当人们遇到拥有自己所缺少的某种特征的人时，就会自然地对对方表示好感。可见，互补性往往以满足某种需要为前提，如果交往双方的需要都能得到充分满足，就容易形成良好的人际关系。

4. 性格和能力因素

在人际交往中，具有热情、诚实、坦率、正直、友好、幽默等个性特征的人比较容易吸引别人的注意，也容易获得他人的赞赏；相反，冷酷、虚伪、自私、奸诈、卑劣的人就令人厌恶，于是人们就回避他、疏远他。可见，良好的个性品质易于建立良好人际关系。

人们通常认为，能力是人的优越条件，能力越强，成就越大，获得的评价自然也就越高。但是，心理学家发现最为人所欣赏的人并非全能型的人，而是能力强又带点缺点的人。才能平庸者固然不会受倾慕，而全无缺点的人也未必讨人喜欢，最令人喜欢的人是精明中带点小缺点的人。心理学上叫这种现象为“出丑效应”。产生这种效应的原因是一般人与全无缺点的人相处时总难免因己不如人而感到不安，但如果他发现精明的人也和自己一样有缺点，就会因此而感到安全。

5. 外貌因素

“爱美之心，人皆有之”。人们总是倾向于长相有魅力的人。外貌是引发第一印象的窗口，会引起“晕轮效应”。在交往之初，尤其是异性之间，仪表是影响人际关系的重要因素，但随着时间的推移，外貌的影响会逐渐被个性特征所替代。

（三）人际交往中的心理效应

1. 首因效应

人与人第一次交往时给人留下印象，这种印象在对方头脑中形成并占据着主导地位，这种效应即首因效应，也叫“第一印象”。因此，在交友、会谈、求职等社交活动中，可以利用这种效应展示给人一种极好的形象，为以后的交往打下良好的基础。

2. 近因效应

与首因效应相反，近因效应是指交往时最后一次见面给人留下的印象，这个印象在对方的脑海中会存留很长时间。利用近因效应，在与朋友分别时给予良好的祝福，则你的形象会在他的心中得到美化。

3. 晕轮效应

晕轮效应有两种，一种叫“光环效应”，另一种叫“扫把星效应”。“光环效应”是指当对某人有好感后，就会很难感觉到他的缺点，就像有一种光环围绕着他，人们常说的“情人眼里出西施”就是这种效应的表现。“光环效应”有一定的负面影响，在这种心理作用下，人们很难分辨出好与坏、真与伪，容易被人利用。相反，“扫把星效应”是指当对某人感到厌恶时，就会看他哪儿都不好，不能真实地评价他的优点。

4. 先入为主心理效应

在还没有接触某人时就已经听说了关于他的情况，先听进去的话或先获得的印象往往在头脑中占有主导地位，以后再接触到这个人的时候，就不容易改变这种印象。

具有以下性格特征的人缺乏吸引力

1. 不尊重他人，对他人缺乏感情，不关心他人的悲欢情绪，甚至把他人当做使唤工具。

2. 有着强烈的自我中心主义，只关心自己的兴趣和利益，忽视他人的处境和利益。

3. 对人不真诚，一切为自己着想，不顾他人的利益。

4. 过分服从并取悦他人，过分惧怕权威而不关心部下。

5. 缺乏独立性，过分依赖他人。

6. 嫉妒心强。

7. 怀有敌对情绪和猜疑性格，对人际关系过于敏感，对他人尖刻。

8. 过分自卑，缺乏自信，或者过分自夸。

9. 孤独、内向，有自闭倾向。

10. 有偏见、固执，报复心强。

11. 好高骛远，苛求他人。

(四) 人际关系障碍及影响及其因素

人与人相处过程中既有相互依存、相互吸引的一面，也有相互分离、相互排斥的一面。当处于相互排斥的状态时，一定是存在人际关系障碍。研究并消除人际关系障碍是增强人际吸引，改善人际关系的重要条件。

造成人际关系障碍的因素主要有以下六个方面。

1. 不良性格

自私、贪婪、虚伪、骄横、冷酷、顽固等，都是不良性格的表现，是产生人际关系排斥的主要根源。

2. 认识分歧

人们对客观事物的认识不可能完全一致，认识上的分歧越大，态度的相似性就越小，自尊的需要就越发不能得到满足，彼此之间就会相互疏远、相互排斥。

3. 消极情感

积极情感会加强人际吸引，消极情感却是建立良好人际关系的障碍。厌恶、嫉妒、憎恨等都会引起人的反感和排斥，严重破坏人际关系。

4. 社会因素

阶级对立、宗教对立、行政限制、传统习惯等都可能会构成人际关系健康发展的严重障碍。

5. 阶层因素

不管是官民之分，还是贫富之别，人与人之间所属的阶层差距越大，相互交往就越少，人际关系障碍就越大。

6. 年龄因素

一般而言，人际吸引力会随着年龄差距的增大而减弱。不同年龄的人由于社会经历不同，他们在思想情趣、思维方式和行为方式上都有很大的差别，构成代际隔膜和冲突，也就是我们通常所说的"代沟"。

（五）员工改善人际关系的途径

1. 加强自我意识修养

员工要学会正确认识和评价自己，较好地调节和控制自我，从而在人际关系中摆正位置，端正心态。

2. 重视个性的锻炼

在日常生活中培养良好的性格，比如心胸开阔、性格开朗、严于律己、宽以待人、热心助人等，就能为建立良好的人际关系提供良好的心理基础。

3. 提高人际交往的技巧

人与人之间的交往也需要一些方法和技巧，需要认真学习和研究相关案例，在生活中细心观察，培养遇事理智、冷静分析的性格，避免主观偏见和感情冲动；培养自信心，形成健康的心态；学会认清自我，有自知之明，能进行自我批评；学会因人因事、因地制宜地协调人际关系。

4. 学会与不同的人交往

首先，要正视交往对象的个体差异，不能将一个方法用在所有人身上，针对不同的人采取不同的交往方式。其次，要善于寻找改善双方关系的切入点，与对方共同讨论或实践其所感兴趣的活动，促进良好人际关系的建立。最后，日常生活中多细心观察，多关心他人的喜怒哀乐，细微之处的关怀往往感人至深，会成为改善人际关系的起点。

5. 正确处理互助与竞争的关系

员工之间的交互关系是不可避免的，既有合作互助关系，又一定存在竞争关系。这两种关系看似矛盾，其实处理得好不仅可以增进员工之间的友情，还可以提高工作效率，改进服务和管理水平。

(1) 在工作关系中的交互作用不可避免，以工作为重，必须互助。

(2) 不要只求别人助己，而从不对别人伸出援手，否则终将变成无助。

(3) 在酒店的发展中贡献我的一份力量，以求我事业的发展，是同事竞争的基础。

(4) 工作竞争以出成绩为目标，而不以伤害人为目标。

(5) 竞争要光明磊落，而不以下三滥的手段为途径。

(6) 有竞争才能进步，有互助才能共同进步。

相互作用理论

1. 认识“PAC 理论”

1964 年，加拿大心理学家柏恩在《人们玩的游戏》一书中提出了 PAC 理论。PAC 理论又称为相互作用分析理论、人格结构分析理论。

柏恩认为，个体的个性是由三种心理状态构成的，即“父母”心态、“成人”心态、“儿童”心态，这三种状态在每个人身上都交互存在，也就是说，这三者是构成人类多重天性的三部分。因为在英语中，父母写成 Parent、成人写成 Adult、儿童写成 Child，所以将三种心态分别取各个单词的第一个字母，简写为 P 心态、A 心态和 C 心态，整个理论也简称为“PAC 理论”。

2. 自我心态

家长式自我心态(parent ego state)表现出保护、控制、呵护、批评或指导倾向。他们会照搬政策和标准，发表类似如下的意见：“你知道规则，规则必须遵守。”“父母”心态以权威和优越感为标志，表现为统治、训斥、责骂等家长制作风。当一个人的人格结构中 P 成分占优势时，这种人的行为表现为凭主观印象办事，独断专行，滥用权威，这种人讲起话来总是：“你应该……”“你不能……”“你必须……”

成人式自我心态(adult ego state)表现出理性、精于计算、尊重事实和非感性的行为，试图通过寻找事实、处理数据、估计可能性和展开针对事实的讨论，来更新决策。

“成人”心态表现为注重事实根据和善于进行客观理智的分析。这种人能从过去存储的经验中，估计各种可能性，然后作出决策。当一个人的人格结构中 A 成分占优势时，这种人的行为表现为：待人接物冷静，慎思明断，尊重别人。这种人讲起话来总是：“我个人的想法是……”

儿童式自我心态(child ego state)反映了由于童年经历所形成的情感。它可能是本能的、依赖性的、创造性的或逆反性的。如同真正的孩童一样，具有孩童心态者希

望得到他人的批准，更喜欢立即的回报。从那易动感情的语调中就可以辨别出这种心态，就像当一名员工向他的主管提意见说“你总是对我吹毛求疵！”时所用的语调。

“儿童”心态像婴幼儿的冲动，表现为服从和任人摆布。一会儿可爱逗人，一会儿乱发脾气。当一个人的人格结构中C成分占优势时，其行为表现为遇事畏缩、感情用事、喜怒无常、不加考虑。这种人讲起话来总是：“我猜想……”“我不知道……”

人们在相互作用时，有时是平等的关系，如“父母—父母”“成人—成人”“儿童—儿童”；有时是交叉的关系，如“父母—儿童”“父母—成人”“成人—儿童”。在人际交往中，合理地运用相互作用技术是一门高超的艺术。一般说来，在平行作用时，两个人之间的“对话”会无限制地继续下去；而在交叉作用时，信息沟通往往会出现中断。理想的相互作用应该是“成人”刺激和“成人”反应。因此，采用相互作用技术，可以使管理者和群体成员理解在相互交往时彼此的心理状态，使人际关系融洽。

只要清楚自己和对方都有不同的心理状态，同时能配合这些状态进行交流沟通，就能够正确分析对方的谈话，并做出适当的反应。相互作用技术的重点是不但使自己确立成人的心理，尽可能用成人的思想、语调对待别人，而且也要鼓励和引导对方确立成人的心理状态，尽可能用“成人”态度处理问题。这样，人际关系就会建立在一种较稳固的基础之上。

作业2-4：

讨论员工人际关系协调中需要解决的以下三个问题。

1. 在工作分配中吃亏与不吃亏、吃小亏与吃大亏的关系。

2. 人们在面对他人的时候人格都会由三种状态构成，即“父母状态”“儿童状态”“成人状态”。员工在人际交往时这三种状态分别会如何表现？我们又应该以什么状态为主导与他人交往？

3. 工作关系和私人关系如何区别对待？

二、员工沟通

不会沟通，从同事到冤家

小贾是公司销售部一名员工，为人比较随和，不喜争执，和同事的关系处得都比较好。但是，前一段时间，不知道为什么，同一部门的小李老是处处和他过不去，有时候还故意在别人面前指桑骂槐，对跟他合作的工作任务也都有意让小贾做得更多，甚至还抢了小贾的好几个老客户。

起初，小贾觉得都是同事，没什么大不了的，忍一忍就算了。但是，看到小李如此嚣张，小贾一赌气，告到了经理那儿。经理把小李批评了一通，从此，小贾和小李成了绝对的冤家了。

案例点评：

小贾所遇到的事情是在工作中常常出现的一个问题。在一段时间里，同事小李对他的态度大有改变，这应该是让小贾有所警觉的，应该留心是不是哪里出了问题了。但是，小贾只是一味的忍让，这个忍让不是一个好办法，更重要的应该是多沟通。

小贾应该考虑是不是小李有了一些什么想法，有了一些误会，才让他对自己的态度变得这么恶劣，他应该主动及时和小李进行一次真诚的沟通，比如问问小李是不是自己什么地方做得不对，让他难堪了之类的。任何一个人都不喜欢与人结怨，可能他们之间的误会和矛盾在比较浅的时候就会通过及时的沟通而消失了。结果却是小贾到了忍不下去的时候，选择了去告状。其实，找主管来说明一些事情，不能说方法不对，关键是怎么处理。在这里，小贾、部门主管、小李三人犯了一个共同的错误，那就是没有坚持“对事不对人”，主管做事也过于草率，没有起到应有的调节作用，他的一番批评反而加剧了二人之间的矛盾。正确的做法是应该把双方产生误会、矛盾的疙瘩解开，加强员工的沟通，这样做的结果肯定会好得多。

我们每一个人都应该学会主动地沟通，真诚地沟通，有策略地沟通，如此一来就可以化解很多工作与生活中完全可以避免发生的误会和矛盾。

所谓沟通是指人与人之间传达思想、交换观点或信息的过程。通过沟通可以表达情绪，解除内心的紧张，寻求对方的同情和共鸣，确定与对方的关系等，达到满足个人精神上的需要的目的。酒店是一个需要频繁进行信息沟通的服务场所，包括员工与顾客之间的沟通及员工与员工之间的沟通。

（一）沟通的种类

1. 正式沟通与非正式沟通

从组织系统区分，将沟通分为正式沟通和非正式沟通。信息通过组织明文规定的渠道进行的传递和交流是正式沟通。组织内部的文件传达、通知发布、工作布置、工作汇报、各种会议以及组织与其他组织之间的公函往来都属于正式沟通。其优点

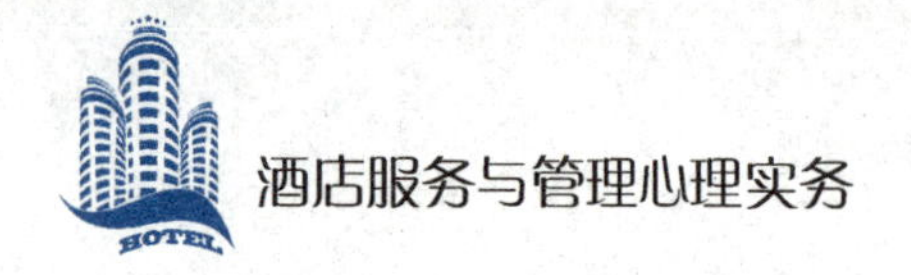

是信息通路规范、准确度较高。

在正式沟通渠道之外进行的信息传递和交流称为非正式沟通,如员工间的私人交谈及一般流传的“流言”等。非正式沟通不但表露或反映人们的真实动机,同时也常提供组织没有预料的内外信息,因此现在的管理者都很重视非正式沟通,常利用私人会餐及非正式团体的娱乐活动等,多与员工接触并从中获取各种资料,作为改善管理或拟订政策的参考。非正式沟通既具有沟通形式灵活、信息传播速度快等优点,又具有随意性和不可靠性等致命的弱点。

2. 下行沟通、上行沟通及平行沟通

根据信息流动的方向,将沟通分为下行沟通、上行沟通和平行沟通。

下行沟通是上级向下级传递信息,如企业的上级领导向下级发布命令和指示。这种自上而下的沟通能够协调组织内各层级之间的关系,增强各层级之间的联系,对下级具有督导、指挥、协调和帮助等作用。

上行沟通是指由下级向上级传递信息,如员工向上级报告工作情况、提出自己的建议和意见、表述自己的态度等。在组织中,不仅要求下行沟通迅速有效,而且还应保证上行沟通畅通无阻。只有这样,领导者才能及时掌握各种情况,从而作出符合实际的决策。

平行沟通是指同级之间传递信息,如员工之间的交流、同一层级不同部门的沟通等。保证平行组织之间沟通渠道的畅通,是减少各部门之间冲突的一项重要措施。这种沟通一般具有业务协调性质。它有助于加强相互间的了解,增强团结,强化协调,减少矛盾和冲突,改善人与人之间的关系。

3. 书面沟通和口头沟通

口头沟通是指面对面的口头信息交流,如会谈、讨论、例会、会议、演说以及电话联系等。其优点是有亲切感,可以用表情、语调等增强沟通的效果,可以马上获得对方的反应,具有双向沟通的好处,且富有弹性,可以随机应变,但如果传达者口齿不清或不能掌握要点做简洁的意见表达,则无法使接受者了解其真意。

书面沟通是指通过布告、通知、文件、刊物、书信、电报、调查报告等方式进行的信息交流。其优点是具有一定的严肃性、规范性、权威性,不容易在传达中被歪曲;它可以作为档案材料和参考资料以及正式交换文件长期保存;它比口头表达更详细地供接受者慢慢阅读,细细领会。其弱点是沟通不灵活,感情因素少一些,对文字能力要求较高。

传统的管理多偏重书面的沟通,在现代管理中口头言语沟通受到重视。书面沟通仍是一种重要方式,但采用书面沟通方式应注意文字的可读性、规范性,具体做到以下五点。

(1) 文字简练;

(2) 使用规范与熟悉的文字;

(3) 使用比喻、实例、图表等清晰易懂的方式,便于理解;

(4) 使用主动语态和陈述句;

(5) 逻辑性强,有条理性。

(二) 沟通的方法和技巧

1. 建立良好的第一印象

第一印象往往是决定双方是否继续交往的关键。一般在首次交往中最容易引起别人注意的是对方的精神面貌,如长相、面部表情、身体姿势、言语、行为表现、衣着等,这些因素综合在一起构成人们的仪表吸引力。

2. 根据对象选择谈话主题

不同的人有不同的谈话兴趣,如果只顾自己的谈话兴趣,会使谈话很难持续下去。寻找和选择双方共同的话题是顺利沟通的重要前提,这需要平时的知识积累。

3. 学会积极倾听

在与别人谈话时应当正视对方,表示你对对方的尊重和对这次谈话的重视。使人感到你的真诚,还可以通过眼神观察对方说话的真伪。善于倾听的人容易建立融洽的人际关系,倾听时可以使用一些技巧:第一,表情专注,目光交流;第二,赞许性地点头、微笑,有时还可以重复你认为重要的话语,鼓励对方继续下去;第三,若赞同对方的观点,还可适当补充你的观点;第四,不可随意打断对方的谈话,耐心听完。

4. 恰当地自我暴露

为了表示你的真诚,要适当地把自己的信息与谈话对方分享,让对方对自己有一些了解。

5. 不独占谈话时间

独占谈话时间的人通常都不受欢迎。因此,沟通时应充分注意观察别人的兴趣,并给对方留下足够的谈话时间。

6. 不可自我吹嘘

喜欢自我吹嘘的人给人傲慢自大、华而不实的感觉,因而不是受欢迎的沟通者。

7. 学会道歉

沟通过程中尽量不要发生矛盾和冲突,一旦发生争执,就要保持对事不对人的态度。如果争执过程中有冒犯对方的言辞,立即道歉,防止进一步激化矛盾。

8. 克服羞怯心理

过度羞怯会使人大大约束自己的言行,无法充分表达自己的愿望和情感,缺乏交

往的主动性，无法正常与人沟通，形成人际关系障碍。

（三）沟通时的心理状态

1. 持积极的态度

沟通时要持有主动的、自愿的态度。积极的沟通是维持人际关系、获取信息、建立和发展友谊的必要条件，对沟通持有积极的态度也是有效沟通的前提。

2. 持诚恳的态度

受欢迎的沟通者是诚恳和尊重对方的谈话者，诚恳和尊重对方，也能使对方尊重自己，使沟通更为顺畅。

3. 避免武断、冷漠和随意指责对方

冷漠对待对方的谈话，用指责的口吻评价对方话语的内容，武断曲解别人的意思，都是沟通时要特别避免的做法。

4. 适当运用非语言信息

沟通并不只限于使用语言，恰当使用非语言的信息沟通也能起到好的效果，包括微笑、开放的手势、适当的接触，如拍拍肩膀、握握手、点点头等。

作业2-5：

1. 模拟以下场景，完成有效沟通过程，并简述沟通要点。

（1）酒店16楼领班正在工作间给服务员开晨会，布置当日楼层VIP接待工作，宋海涛迟到了，不仅没听清当日的工作任务，且工作服都没穿整齐。会后其他服务员开始上岗，领班把宋海涛留下来。

（2）餐饮部刚完成了一项从五个领班中提升一名主管的工作，徐天本以为自己是最有希望提升的，现在却希望落空，于是情绪很低落，工作时无精打采。现在经理找徐天谈话。

（3）这次提升为主管的简敏敏跟徐天是同学，现在当了徐天的主管后感觉跟徐天不太好相处，简敏敏决定要跟徐天好好沟通沟通，以利于工作，也想保持良好的同学关系。

（4）最近酒店正接待一个大型的会议，会务部的员工工作量很大，现在需要从前厅部轮休的员工小李、小张、小王、小谢中抽调二人到会务部加班，他们觉得太累，都不太愿意去，他们现在正在宿舍商量谁去。

2. 分析以下案例回答问题。

案例2-6

"如果您不吃了"

某餐厅晚间开餐生意火爆，小张忙得手脚不停，直到快打烊了。这时，小张看到一位先生和一位小姐正坐那儿聊天，盘子里的菜已没有多少了，小张以为客人不吃了，便想撤去盘子，为客人提供更好的谈话环境。于是，小张便问道："如果二位不吃了，我可以把盘子撤掉吗？"谁知客人一听便非常恼火，以为小张要赶他们走。小张连声道歉，客人才消气，不久便离开了餐厅。

试分析小张的话有什么不妥？服务人员应该掌握哪些语言技巧？

项目三　员工的压力与疲劳应对

一、员工压力分析与应对

日本人创造了一个词，叫做过劳死，意思是因工作过度劳累引起心脏病发作或中风而猝死。在日本，一天工作 16 个小时的人并不罕见。专家估计，每年因工作过度劳累而死亡的日本人超过 10 000 人。

在酒店业和餐饮业，越来越多的管理者和职员承受着巨大的心理压力而感到心力交瘁。美国一位精神病专家唐纳德·E·罗森(Donald E. Rosen)说："这些受害者往往对人冷漠，感到空虚，对原来自己很满意的事情也不再满意了。他们对自己所做的工作的价值充满了疑问。"

(一) 压力的概念

压力是指个人所面对的内外环境变化及由此产生的紧张反应。它包含三方面的内容：一是指使人感到紧张的事件或者环境；二是指压力感，即人的一种主观反应，是指人在面对具有威胁性的情景时，因一时无法消除威胁、脱离困境而产生的一种被压迫的感受，如服务员被顾客投诉、被领导批评而产生的不安、紧张等心理状态；三是指由于不安、紧张而产生的一种生理和行为上的反应，如手心出汗、背部出冷汗、心跳加速等。

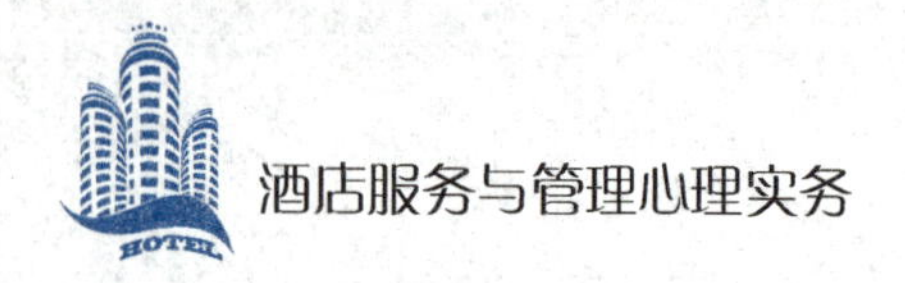

压力是普遍存在的现象，任何人都无法回避。不同的人对压力的反应是不同的，压力对不同的人所产生的影响也不同。如果对压力处理不当，不但会对自身产生消极影响，还会殃及他人。

职业压力是指在工作中产生或形成的各种压力。职业压力会在生理、心理和行为三个方面表现出来。

表2-1 职业压力所引起的具体症状

心理症状	生理症状	行为症状
焦虑、紧张、迷惑和急躁	心率加快、血压增高	拖延和避免工作
疲劳感、生气和憎恶	肾上腺素分泌增多	表现和生产能力降低
情绪过敏和反应过敏	肠胃失调，如胃溃疡	抽烟喝酒频率增加
感情压抑	身体受伤	完全无法工作
交流的效果降低	心脏疾病	去医院的次数增加
退缩和忧郁	呼吸问题	为了逃避而饮食过度
孤独感和疏远感	汗流量增加	由于胆怯而减少饮食
厌烦和工作不满	皮肤功能失调	没有胃口，消瘦
精神疲劳和低效能工作	头痛	冒险行为增加
注意力分散	癌症	侵犯别人、破坏公共财物
缺乏自主性和创造性	肌肉紧张	与家人和朋友关系恶化
自信心不足	睡眠不好	自杀或试图自杀

（二）压力源分析

压力源从形式上可以分为工作压力源、心理压力源和社会压力源。

1. 工作压力源

工作环境中的很多事物都可以成为压力的来源。一是工作中固有的压力源，如任务过重产生的压力，或任务太少感到无聊的压力，或工作环境和条件太差而引发的压力；二是在组织中的角色带来的压力，如角色不胜任、角色冲突、地位太低等；三是职业生涯和发展中的压力，如考核、晋升、淘汰等带来的压力；四是组织变革，如重组、裁员等使许多员工不得不重新考虑自己的事业发展、学习新技术、适应新角色等，这些都将引起很大的心理压力。

2. 心理压力源

个体心理压力源是指来自于人们头脑中的紧张信息。例如，心理冲突与挫折、不切实际的期望、不祥的预感以及与工作责任有关的压力紧张等。与其他类型的压力源相比，心理压力源直接来自人的头脑，反映了心理方面的困难。每个人都要面对生活中的各种压力，并且这些压力事件处处可见，但为什么有的人应对自如，有的人却无所适从，其区别主要源于人们内心对压力的认知。如果过分夸大压力的威胁，就会制造一种自我验证的不良预言：我会失败，我应付不了。长此以往，便会形成长期性压力感。酒店员工不断地面临与陌生的顾客打交道的心理压力，尤其是相对内向的员工，工作过程中总要与陌生顾客交往，易形成较强的心理压力。

3. 社会压力源

社会压力源主要指造成个体生活方式上的变化，并要求人们对其做出调整和适应的情景与事件。如经济危机、环境污染、噪声、拥挤、生活环境过差等，这些都是带来压力的重要原因。

（三）压力的影响分析

压力对人具有两面性，即压力正作用和负作用。

轻微压力使人放松、平静，能够满足人们追求安全、和谐、稳定的需要和愿望，但如果人在这样的环境中生活一段时间，就会感到厌烦、无聊和空虚，如果一个人长期处于这种状态，可能会变得懒散、没有斗志，能力发展也会受到遏制。

中等压力会使人感到兴奋，能够激发人的工作热情，使人更有活力。这种状态的持续能提高员工的思考能力、行为能力及相关技能水平。

过度压力会使员工承受较大的心理和生理负担，不能发挥正常的能力，影响工作绩效的提高，甚至导致各种心理和生理疾病。

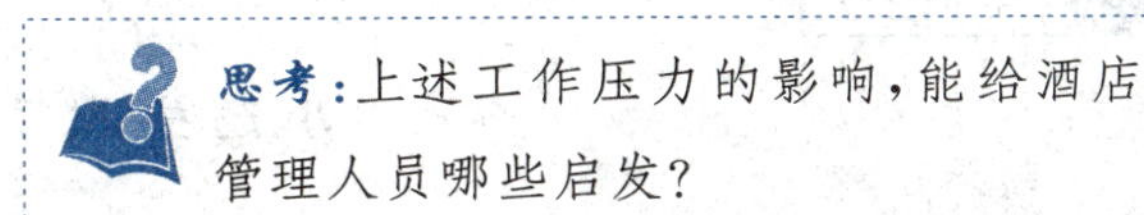

（四）压力的个体差异

有些人面对压力生机勃勃，而有些人面对压力则紧张害怕，甚至萎靡不振，是什么原因致使人们处理压力的能力有差异呢？哪些个体差异变量调节着潜在压力因素与实际压力感之间的关系呢？

1. 个体认知差异

员工的反应是基于他们对现实的认识，而不是基于现实本身。因此，个人认识是潜在压力环境与员工反应之间的一个中间变量。公司裁员时，有的员工害怕自己失去工作，而有的员工却认为这是脱离公司从而开展自己事业的一个机会。与此相似，

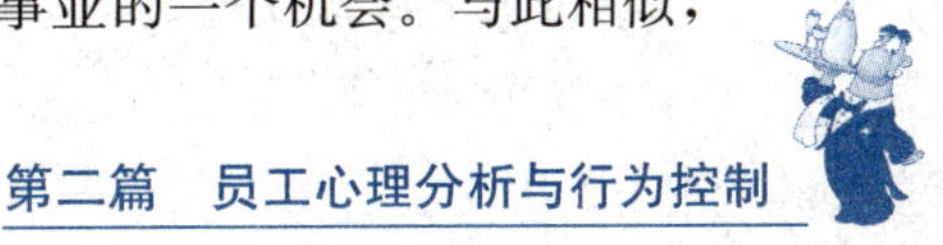

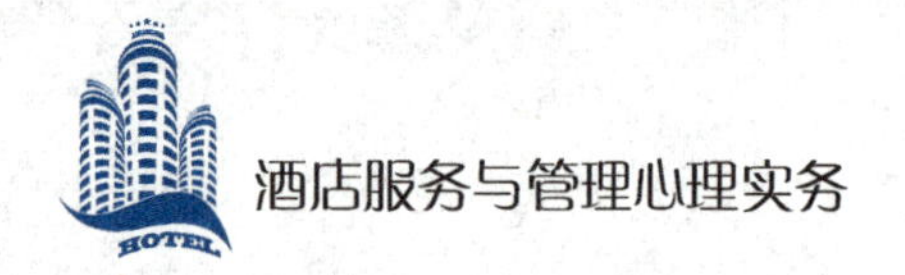

同样的工作环境,有的员工认为它富有挑战,能够使人的工作效率提高;而有的员工却认为它的危险性太大,要求太高。因此,环境、组织、个人因素中潜在压力的产生并不取决于客观条件本身,而取决于对这些因素的认知。

2. 工作经验差异

工作经验与工作压力大致呈反比关系。随着时间的推移,人们最终会产生一种抗压力机制。所以,组织中的资深成员适应能力更强,压力感较轻。

3. 社会支持差异

越来越多的证据表明,社会支持也就是与同事或上级主管的融洽关系能够消减压力带来的影响。对于那些遇到同事不提供帮助,甚至对其抱有敌意等情况的员工而言,他们缺乏工作中的社会支持。如果员工更多地参与家庭生活、朋友交往以及社区活动,他们也能够更多地拥有社会支持,这样也会使工作压力相对减轻。

4. 个性差异

一般来说,能力较强、对自己充满信心的人感受到的压力较少一些,面对压力,他们能够沉着应付;而能力差的人或者那些对自己不自信的人则容易感受到压力,由于能力不够,面对压力就常常表现出惊慌失措、夜不能眠等症状。一个易怒、对事物持有敌意感、对别人总是持怀疑态度的人,更容易患心脏病,受到压力负面因素影响的可能性也较大。

(五) 压力应对的策略

小 赵 失 眠 了

某三星级酒店为了能升到四星,半年前投入了近两千万元更新设备和装修,整个酒店的员工也为此准备了近一年时间,提高服务和管理水平。某日评星专家乔教授以普通客人的身份入住酒店,没有跟任何人打招呼。结果乔教授入住期间在两部门得到了不良服务:一是总机话务员接他电话时一边吃东西一边跟同事聊天,使他不得不一句话说了三遍话务员才听清;另一次在餐厅用餐时由于地毯没铺平,导致乔教授绊倒了,服务员连句道歉都没有,甚至还有一个女服务员在偷偷笑。

无疑,由于存在诸多问题,该酒店没能升级为四星。

小赵是刚提升的一位餐厅主管,事情正是发生在他上班时,领导认为他的失职给酒店造成了巨大损失,虽然酒店没有辞退他,但他感到了巨大的压力,焦虑、失眠、工作不能集中注意力。

讨论：小赵应如何缓解压力，以保证正常的生活和工作状态？

负面压力及其危害虽不能完全避免，但只要我们掌握一些有效方法和策略就可以在一定程度上得到缓解。

1. 正确面对压力

首先，要正确看待压力。压力固然使人感到焦虑和紧张，带来很多负面的影响，但压力也可使人振奋，激发潜力。因此，不管面临怎样的压力，我们都应该积极地把压力转化为动力。

其次，要正确认识压力。个体在遇到压力时，应先认清压力的性质，客观地思考和分析压力源，分析个人能力和压力的配比，积极地尽自己所能寻求解决问题的方法，甚至还可以动用家族、朋友等社会支持。

2. 改变不良的认知方式，提高认知能力

如果不能改变引起压力的事情，那么不妨改变一下自己对这些事情的认知，即换个角度从积极的方面看问题。改变思维方式的另一方面是要改变一些不良认知方式。根据美国心理学家艾利斯的理论，个体的不合理思维常常是导致个体产生压力的深层原因。不合理的信念的特点首先是把事情绝对化，即个人内心常将“必须”“应该”“绝对”等词汇联系在一起，如“这件事关系到我的前途，我必须成功”等，不合理的思维方式常会导致个体自责、焦虑、抑郁等消极情绪；其次是灾难性想象，即个体想象某件事的结果非常可怕，具有灾难性影响，进而导致焦虑、抑郁而不能自拔；再次是过度概括化，往往根据有限的信息得出完整的结论，例如，一个同事有一次对你不好，就认为他处处和你作对；最后是给自己贴上负面标签，如“我真笨”“我太没用了”，这种消极的自我暗示长期持续，就会使心理压力过重。因此，我们要通过改变认知方式去处理这些不合理信念造成的压力。

3. 建立自信，培养积极心态

建立调节自身压力的自信心是缓解压力的前提。需要树立的观念是，只要努力就一定能够缓解压力及压力造成的危害。建立自信心简单而有效的方法是经常自我鼓励。

4. 强健体魄

虽然压力是一种心理感受，但人对压力的承受能力却与其身体素质相关联，强健的体魄是承受压力的基础。酒店职业的劳动时间较长，且经常需要加班，员工承受的压力更大。研究和实践表明，体育锻炼能在改善情绪、培养良好的自我观念、提高工作绩效、缓解压力方面发挥积极的作用。以缓解压力为目的的体育锻炼要求耐力锻炼与放松活动相结合，同时注意营养的补充。

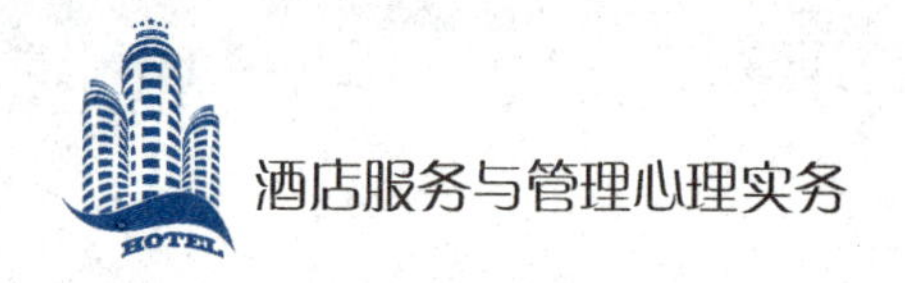

5. 采用ABC自我分析法

林恩·克拉克提出的ABC自我分析法是一种常用的缓解压力的方法。

A指诱发事件。它可以是现实中的事件,预期要出现的压力事件,也包括对过去的痛苦回忆。B指信念、想法和自言自语的述说。面对一次失败,信念、自言自语和内心对话的内容对人的情绪和压力感有明显的作用。理性的信念和自言自语具有自我救助性和适应性,能激发健康的情绪;非理性的信念和自言自语是一种不良情绪,会增加人的压力。在经历一次失败后,如果你总是不断自责,非理性的想法就会加重不良情绪,消耗心理能量,使人焦虑、愤怒、忧郁,还可能使非理性行为增加。如果你换一种想法,没关系,这次不行,再来一次,这样压力便可得到缓解。C指信念和自语所引发的情绪和行为。

克拉克认为,现实的事件和情景是通过观念、信念和自言自语对人施加影响的。信念和自言自语是引发情绪的直接原因,事件要经过信念和自语的过滤才能导致情绪和压力的产生。因此,控制自己的信念、观念和自言自语,就能缓解压力。

人们往往认为自己的不良情绪是由外界的不良事件直接导致的,其实不然,使用ABC分析法可以分析烦恼和压力的来源,看一看哪些是由外界引起的,哪些是由我们自己的信念和自言自语引起的,并以此校正自己的信念。

6. 适当降低期望值

使人感到失望和压力的一个重要原因是期望值太高。如果能够调整心态,对一些虽然自己很看重却难以实现的目标进行适当调整,压力感就会减轻。因此,为了缓解压力,为自己制定的目标应该是现实的、可行的。在目标实现过程中,如果遇到难以克服的阻力,应根据实际情况对目标加以调整,否则期望值超过了现实的制约条件,压力感就会产生。

7. 学会有效沟通和倾诉,避免独处

有效的沟通既是避免压力的方法,也是缓解压力的有效途径。掌握良好的沟通方法,形成良好的沟通习惯,对缓解压力很重要。

在压力难以排解时,倾诉是缓解压力的好方法。人们都有这样的体会,烦恼时找知心朋友倾诉一番,心情就会好很多,有效的倾诉应注意以下四点:第一,寻找合适的倾听者,不要把喜欢传播别人隐私的人作为倾诉对象;第二,控制倾诉内容,工作中的烦恼以及对同事的评价等不宜向同事倾诉;第三,倾诉应该有限度,并寻找适合的机会和场所,只有倾听者愿意帮助你,愿意倾听你的烦恼,倾诉才是有效的;第四,注意发泄限度,不能经常采用发泄这种方法,否则会形成对发泄的依赖,反而容易产生人际关系冲突,带来更多的烦恼,增加压力。

工作归因

（一）工作归因的概念

所谓工作归因，是指员工对造成自己工作绩效水平的原因所进行的判断。

酒店工作人员常常把工作的成功或失败归于以下四个原因：一是努力程度；二是能力水平；三是工作性质和工作环境；四是机遇（运气）。努力程度与员工的工作意愿密切相关，与员工的个性也有关系。努力程度和能力水平属于员工自身的内部原因，也是个人相对能够控制的原因。工作性质和工作环境是指工作的特征、任务类型以及工作条件，如果工作性质与员工的能力匹配程度很低，工作绩效是没有保证的，工作条件好坏也直接影响工作绩效。工作性质和机遇是外部原因。从稳定程度来看，努力和机遇是不稳定原因；而能力和工作性质则是相对稳定的原因。

（二）工作归因对员工积极性的影响

员工将自己的工作绩效归因于不同的因素，特别是对工作失败的归因，对员工的积极性会造成不同的影响。

1. 归因于稳定的内因

如果员工把失败（工作绩效差）归因于自己的能力低这类的稳定内因，就不能增强其工作的坚持性，有的员工甚至会产生换工作的想法，因为能力水平不能在短时间内得到改变。

2. 归因于不稳定内因

如果员工把失败归因于努力不够这类不稳定的或偶然的内因，会增强其工作的坚持性，因为自己随时都可以改变努力程度以改善工作绩效。

3. 归因于不稳定的外因

如果员工把失败归因于运气或机遇，通常会促使其坚持努力，因为运气是随机的、可以改变的。

4. 归因于稳定外因

如果员工把失败归因于工作性质和工作环境这类稳定的外因，通常会降低其努力的程度，因为自己再努力也难以改变工作性质和工作环境对自己的限制。

总之，把失败归因于稳定的因素，会降低员工工作的积极性和坚持性；把失败归

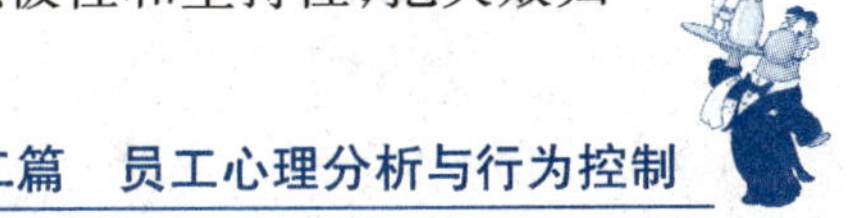

因于不稳定的因素，会保持或增强其工作的坚持性和积极性。

思考：根据以上归因理论，管理人员应该如何引导员工进行正确的归因？

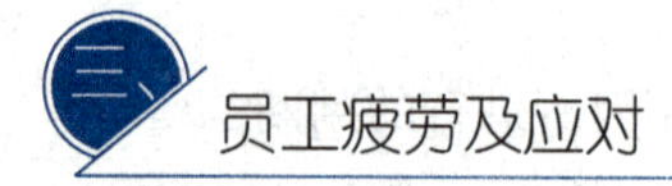

三、员工疲劳及应对

（一）疲劳的概念

疲劳是指人在劳动过程中，由于能量消耗所引起的机体生理和心理变化。疲劳也是人的肌体为了免遭损坏而产生的一种自然的保护反应。

疲劳分为生理疲劳和心理疲劳。

生理疲劳包括体力疲劳和脑力疲劳。体力疲劳是指由于肌肉持久地重复收缩而能量减弱，导致人的工作能力降低甚至消失的现象。脑力疲劳是指由于用脑过度，导致大脑神经活动处于抑制状态的现象。脑力疲劳会影响人处理问题的能力。体力疲劳和脑力疲劳是相互影响的，体力疲劳不但会降低运动器官的效率，而且会首先影响大脑的工作效率，例如，大量的手工操作不但使人手臂痉挛，而且使人昏昏欲睡。同样，脑力疲劳也会使人精神不集中，全身疲软无力，从而影响感知速度和动作的准确性。

心理疲劳是指由于神经系统紧张程度过高或者长时间从事单调、令人厌烦的工作而引起的疲劳，它表现为注意力不集中、情绪紧张、浮躁、低落，感到厌烦、倦怠、无聊、行动吃力等，人的感知力、动作协调能力、记忆力等都会下降。心理学家认为，心理疲劳是倦于工作引起的，而不是体力疲劳或脑力疲劳造成的。

（二）酒店员工的疲劳产生的主要原因分析

酒店员工出现疲劳，一方面是缺乏对职业的认同感和成就感，另一方面则是由酒店的工作性质和内容引起的，具体体现在以下六个方面。

1. 工作劳动强度大

酒店产品无形性、生产与消费同步性和不可储存性的特点，决定了其无法通过现代化的机器设备实现流水线生产，工作时间长且负荷量大，需要从业者付出大量的体力、脑力和情感。另外，一些特殊岗位如康乐、餐饮等，更是要工作到深夜，违背人的正常作息规律。

2. 工作内容单一

从业人员在进入酒店后，根据个人条件被分配到服务流程的某一环节上，首先会经历一个“蜜月阶段”，工作热情度和满意度都很高。由于酒店业对技术要求相对较低，员工很快会进入适应阶段，面对高度重复和单一的工作内容，最初的热情开始退去，疲劳症状、枯燥感、厌烦和抑郁持续出现。

3. 工作缺少自主性

为求管理和服务质量控制的方便，我国酒店大部分采取标准化的服务流程，并通过严格的规章制度和处罚条例确保员工按照流程的规定提供服务，员工处于被动、压抑和紧张之中，工作自主性得不到发挥。

4. 人际关系复杂

酒店属劳动密集型产业，用工数量多，员工为有限的职位彼此要进行激烈的竞争，一些明争暗斗使人际关系更加复杂，长期身处其中，自然产生排斥心理，进而影响到对酒店工作的满意程度。

5. 缺少晋升机会

我国很多酒店，尤其是国有酒店，由于产权不明晰，尚未建立现代企业制度，不能完全按照企业的需要去选拔人才，论资排辈、上级指派等不合理现象时常发生。再者，酒店组织扁平化造成管理岗位减少，使刚入职的员工，尤其是高学历人才因得不到认可和提升而挫折感加剧，十分困惑，对前途缺乏信心。

6. 易发生角色冲突

一方面一些员工受传统观念的影响，把对客服务视为比较低下的工作，对酒店工作的热情度、认同感和自豪感低；另一方面酒店服务高接触度的特性，要求员工对工作有发自内心的热情，才能提供令客人满意的服务，从而体现个体价值，这种角色上的冲突经常使从业人员处于自我矛盾的境地。

小关要求换岗

小关是一位实习生，刚结束酒店管理专业的在校学习，与同学一起来到某酒店顶岗实习。跟小关一起分配在客房部实习的同学有八人，一星期后小关感觉客房部的工作太累，自己不能适应，强烈要求换至餐饮部。酒店考虑再三，满足了小关的要求。两周后，小关又提出要换岗位，理由是餐饮部的工作时间太长，早上起得太早，导致自己睡眠不足，成天昏昏沉沉的，不能集中精力工作。这次酒店没有再满足小关的要求，而是派主管和领班跟她谈谈，如何调整心态，防止并消除疲劳。

思考：如果你是酒店的领导，你将如何防止、消除员工的疲劳？

（三）酒店员工消除疲劳的方法

1. 合理安排员工的工作强度和工作量

酒店应该科学制定人员编制，确定合理的岗位工作量，不能为了节省劳动力而使员工超负荷工作，也不能在接待旺季安排员工过多的加班，否则会致使员工疲劳过度，同时也很难保证服务质量。

2. 合理设计工作环境

酒店员工的活动始终离不开特定的环境。员工在有利于身心健康和劳动安全的环境中，工作效率和服务质量就可能提高；而在不适宜的环境中工作或学习，不仅不能提高工作效率，有时甚至还会影响健康和安全。因此，创造一个良好的工作环境，将有助于保障员工的身心健康，提高工作效率和服务质量。

（1）控制照明强度。照明不能太强，否则会加剧眼肌的紧张和疲劳，从而影响员工的工作效率和服务质量。

（2）控制噪音。噪音使人感到烦躁，有害听觉，甚至损害听力，还可能影响睡眠，造成神经衰弱，使人疲劳，引起工伤事故。

（3）协调色彩。色彩使用不合理容易使人视觉疲劳，精神不振，情绪低落。对员工工作环境，如果能巧妙地发挥色彩的积极作用，使周围的墙壁、走道、地板、设备、工作台、员工服装等，都配以恰当的、受人欢迎的色彩，就可以创造一个符合员工心理要求的色彩环境，提高工作效率。

除了利用中央空调合理调节工作环境的温度和湿度外，还应合理设计工作台、工作座椅等，使员工操作时保持一个舒适的姿势，减轻工作疲劳感。

3. 定期变换工作岗位

在一定时间段内，在部门内部或部门之间进行岗位调换，能使饭店员工经常处于一个新的工作环境中，既培养了“多面手”，又让员工始终保持对工作的新鲜感和热情。

4. 使工作内容丰富化

使工作内容丰富化是用以减少单调感、厌烦感，调动员工积极性的重要方法，它可以使工作成为员工本身的一种享受和需要，从而起到内在的激励作用。其要点是在工作中增加更有趣味和更有挑战性的内容。在计划和控制工作中，给予员工更多的自主权，通过工作发展个人的成就感和创造力。实行工作丰富化之后，能消除工作设计上的错误，员工能够马上了解到自己的工作成果，感到工作是一种学习提高的机会。

5. 提高工作技能

有些疲劳的产生或加重是由于员工没有科学有效地掌握工作技能和工作方法，其他员工用一小时完成的工作，你要用两小时完成，当然更加疲劳。因此，提高工作技能后不仅会减轻疲劳感，而且由于能够出色胜任工作，往往还有利于工作兴趣的培养。

6. 自我心理训练

自我心理训练是运用思维、情绪等心理因素的作用，对自己进行良好的心理暗示，使大脑产生美好的想象，抑制大脑的紧张状态，从而消除疲劳，强身健体，提高工作效率。

自我心理训练的主要方法是放松法，包括肌肉放松和心理放松。肌肉放松就是消除肌肉的收缩状况，有意识地放松肌肉；心理放松是不思考与工作或生活有关的问题，而是想想使自己感兴趣和享受的活动，或者干脆什么也不想。放松可以通过自我暗示进行，通过默念某些句子，如“心情平静”“放松身体”等，达到放松的目的。

员工少了，餐厅怎么办

某星级酒店餐饮部胡经理几天内收到了顾客的多起投诉。投诉的内容包括服务员的服务态度和服务效率、菜肴的质量、宴会厅的一些基础设施以及卫生状况等。胡经理马上召集餐厅主管及领班开会，了解情况，研究对策。原来宴会厅定员人数不多，而这几天又接连接待几个大型高标准的宴会，要求比较高，服务员和厨师不得不高速运转，却仍然很难达到顾客的要求。工作人员由于负担太重，工作时间又长，都感到压力太大，产生了消极情绪而导致服务质量下降。

胡经理立即采取补救措施，临时调动康乐部休假的员工回来上班，增加人手，对厨师进行安抚鼓励，给身体状况不好的服务人员安排调休，对坚持上班的员工给予奖励，没有批评和惩罚遭受投诉的员工。这样，调动了宴会厅工作人员的积极性，服务质量也上去了。

酒店业工作时间长，工作量大，社会地位不高，而工作质量要求高。这些都会给酒店员工带来压力，使员工产生职业倦怠。本案例中的宴会厅发生的问题就是典型的职业倦怠造成的工作质量下降，员工消极应付的后果。胡经理的处理无疑是正确的，加派人手，减轻原来工作人员的工作压力，并给予一定的奖励，重新调动员工的工作积极性和热情，保证了宴会的服务质量。

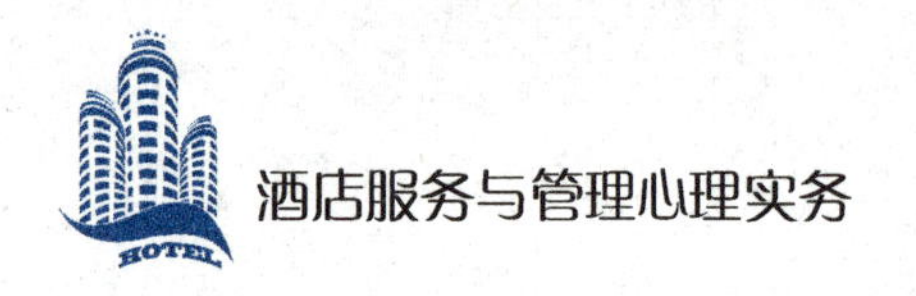

项目四　员工的心理挫折与预防

案例2-10

徐丽落选了

徐丽是某高星级酒店前厅部前台接待员，她是某高职学院酒店管理专业的毕业生，去年来该酒店前厅部实习，实习期间表现很好，被评为"优秀实习生"，于是被酒店留下来工作，颇为同学们所羡慕。跟她一起正式入职的还有南京旅游管理学院的两位本科生，他们学历比徐丽高，英语和专业基础也比徐丽好，于是在三个月试用结束后选聘领班时，本科生中的一位晋级了，徐丽落选。

徐丽感到很失落，从此没有了往日的自信，感到前途一片黑暗，工作也打不起精神，变得越来越忧心忡忡。

思考：什么原因导致了徐丽的不良情绪？有什么办法能帮助徐丽从不良情绪中走出来？

一、挫折的含义

在日常生活中，挫折有指受挫、受阻挠、失意的意思。在心理学上，挫折一词是指一种情绪状态，是指个体在有目的的活动过程中，遇到不能克服的障碍，致使个人需要不能得到满足、动机不能实现时而引起的紧张、不安、焦虑的情绪状态。它包含两层含义：一是指动机遇到阻碍，目标不能实现，这是客观挫折；二是指主观情绪感受，指动机遇阻后产生的消极感受，即挫折感。

人随时都可能遇到挫折，而挫折的结果有利有弊。其益处是使人在挫折中成长，即使人的认知在挫折中产生创造性，从而使人的能力得到提升，应对挫折的耐受性也得以提高。我们经常会看到现代教育理念中提倡对孩子进行挫折教育，其实就是这个目的。没有经历过挫折的人往往很脆弱，但经常遇到挫折，可能会导致心理痛苦、情绪困扰、行为偏差，甚至引起种种疾病，如失眠、厌食、胃溃疡、口腔溃疡等。

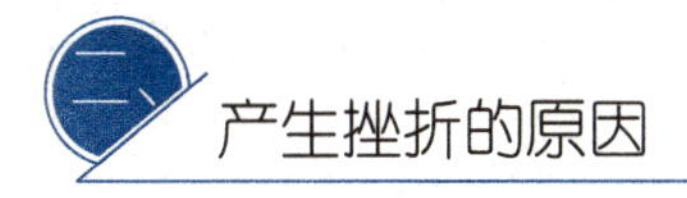

二、产生挫折的原因

（一）外在原因

外在原因包括自然因素和社会因素。自然原因就是个人能力所无法克服无法回避的自然灾害，如天灾人祸、生老病死等。社会原因是指个人在社会生活中遭受来自政治、经济、法律、道德、风俗习惯等方面的挫折。

（二）内在原因

内在原因包括生理因素和心理因素。生理因素的挫折，是指因自身生理素质、体力、外貌以及某些生理上的缺陷所带来的限制，导致需要不能满足或目标不能实现。如酒店门童有身高要求，某人因达不到身高要求而遭拒，感到受挫。在心理因素中与挫折密切相关的主要有以下三个方面。

1. 人格完善程度

一个思想成熟、性格坚毅乐观、为人热情、人际关系良好、社会适应能力强的人，其动机实施就会较为顺利，挫折产生的可能性就较低。相反，性格方面存在问题的人，与人交往时有障碍，导致人际关系紧张，也得不到领导和同事的关注，自然动机实施不顺畅，从而产生挫折。

2. 动机冲突

在现实生活中，当若干性质相近或相反而强度相当的动机同时存在时，人们往往难以作出果断的抉择，就容易形成动机冲突。动机冲突实质上是需要之间的冲突。大致有三种动机冲突形式：一是双趋冲突，在两个目标都符合需要并有相同强度的动机中，个体因迫于情势而不能两者兼得，从而在心理上产生难以取舍的冲突情境，所谓“鱼和熊掌不可兼得”；二是双避冲突，两者同时违背需要，造成厌恶或威胁，产生同等强度的逃避动机，但情况又不允许同时避开，由此产生难以抉择的冲突；三是趋避冲突，即某一目标对个体既有利又有害，既有吸引力又有排斥力，让人处于既爱又恨的矛盾状态中。

3. 挫折容忍力

当个体受到挫折时其保持正常行为的能力即为挫折容忍力，它包括体质承受力和意志承受力。遗传及生理条件、生活经历和文化修养、对苦难或障碍的知觉程度以及个体的性格特征等都决定了个体的挫折容忍力。身体好、生活经历丰富、文化修养

高、性格开朗、意志坚强、自信心强的人往往对挫折的容忍力相对较强。

(三) 酒店员工受挫的原因

1. 竞争与合作的冲突

酒店员工之间由于职业发展的需要，存在一定程度的竞争，遇到晋升机会时竞争较为激烈；同时，工作需要又要求大家通力合作、相互谦让，甚至有时还要牺牲部分个人利益。因此，内在的心理冲突不可避免。

2. 满足欲望与抑制欲望的冲突

一方面，现代社会提倡消费，种种诱惑很多，欲望增长；另一方面，员工的收入和欲望之间总是存在距离的，这样的冲突普遍存在。

3. 自由与现实的冲突

自由是现代社会的主流理念，但社会现实对人的自由选择有巨大的制约作用。酒店行业，这种制约集中体现在员工的尊重需要与服务工作性质的冲突。

4. 酒店的管理方式

如果酒店采用权威控制和处罚的方式管理员工，就容易形成组织目标与个人动机的严重冲突。

5. 人际关系冲突

酒店内上级与下属之间的沟通关系如果不畅通，员工之间人际关系紧张，则易产生不满情绪甚至敌对情绪，造成人际冲突。

6. 晋升的要求与晋升机会之间的冲突

在职务和待遇方面获得提升的机会是有限的，这就使部分员工强烈的晋升愿望得不到满足，使其产生挫折感。

7. 工作性质与工作环境

酒店的工作性质决定了尊重顾客是对员工的基本要求，并有一系列强制性规范来保证服务人员做到这一点。但是，顾客对服务人员的尊重是难以保证的，这就在客观上形成了尊重的不对称性，从而导致部分员工的挫折感。

三、挫折的行为反应

员工遭受挫折后必然会引起思想上、行为上的相关反应，这里主要指消极反应。

（一）直接反应

直接反应是指遭受挫折后立即作出反应。

1. 攻击

美国心理学家德兰曾提出“挫折攻击假说”，他认为攻击是挫折的结果，攻击行为的产生可以预测挫折的存在。个体受挫后引起愤怒的情绪，会对构成挫折的人或物进行攻击。攻击分为直接攻击和转向攻击两种。

（1）直接攻击是指将攻击的对象指向引起挫折的人或物，怒目而视，或反唇相讥，或还以拳头。一般而言，对自己的容貌、才能、权力及其他各方面较有自信者容易将愤怒情绪向外发泄，采取直接攻击行为。

（2）转向攻击有三种情况：一是对自己缺乏信心、有悲观情绪的人，易把攻击的对象转向自己，责备自己；二是当个人觉察到引起挫折的真正对象不能直接攻击时（如自己的上司、重要的顾客等），会把愤怒的情绪发泄到其他人或物上；三是挫折来源不明，可能是日常生活中许多小挫折的累积，也可能是个人内在的因素（如更年期、青春期情绪不稳定等），个人找不到明显的攻击对象，于是便将闷闷不乐的情绪发泄到不相干的人或物上，此时遭受攻击的对象便是“替罪羊”。

2. 退化

个体的行为本应与年龄相配套，并形成一定的行为模式，但遭受挫折时，个体的情绪表达及行为表现往往比其年龄应有的表现显得幼稚，如像小孩一样哭闹，暴跳如雷，甚至动武挥拳，这种现象称为退化。

3. 冷漠

当一个人无法攻击引起挫折的对象，又无适当的“替罪羊”时，就会压抑愤怒的情绪，表现出一种冷淡、无动于衷的态度，失去了喜怒哀乐的表情。冷漠从表面上看似乎对挫折漠不关心，其实并非不愤怒，甚至内心更加痛苦，只是把愤怒暂时压抑或以间接的方式表现而已。

4. 幻想

白日梦是最常见的幻想之一，幻想就是指个体凭借自己想象的虚构情境来应对挫折，借以寻求对现实的逃避。由于幻想可以使人们暂时摆脱现实，因此有些人对自己在现实中总不能成功的事情，喜欢在幻想中构造它的美妙情境和成功时的喜悦。我们应该认识到幻想只是暂时寻求心理安慰的方式，我们应该做的还是必须理智地面对现实中的挫折。

5. 固执

个体受挫后，以一种一成不变的方式进行行为反应，这种人往往缺乏机敏品质与随机应变的能力。

（二）间接反应

发生挫折后较长时间才产生反应，这种反应不仅会给个体造成紧张、焦虑、压抑、痛苦、长期郁闷，甚至还可能导致人的心理变态，也会给群体造成人心涣散、士气低落等长期持续的后果，使群体内部纪律松弛、事故多发、效率下降，影响群体的健康发展。

四、心理防卫的方式

当一个人在心理上受到挫折或出现困难时，常常会使用一些心理上的措施或机制，把个体与现实的关系稍作修正，使个体较易接受心理挫折或刺激，不至于引起情绪上的过分痛苦与不安，我们将这种自我保护方法称为心理防卫机制。它是一种心理适应性反应，这种反应典型地采用习惯性和潜在意识的方式，以消除或保持一个人内心的焦虑、罪恶感及失去的自尊心。这种心理防卫机制大部分是在潜意识中进行的，也就是说，是在不知不觉中使用的，比如“酸葡萄”故事。

（一）心理防卫机制的功能

(1) 减低情绪冲突。
(2) 从自身内在具有危险的冲动中保卫自己。
(3) 缓和伤感经验和情绪的感受。
(4) 减轻失望或失望的感受。
(5) 消除个人内在态度与外在现实之间的冲突。
(6) 协助个体保持其充实感和价值感。

（二）心理防卫的方式

1. 压抑作用

压抑作用也叫动机性遗忘。有些受到挫折的员工把心理上的烦恼、焦虑和苦闷等情绪统统埋藏在内心深处，以掩盖失败带来的自尊心的受伤，强制性地把危害性太强的冲动或记忆排除在意识之外。压抑的结果虽可减轻焦虑而获得暂时的安全感，但被压抑的欲望并不因此消失，而是深入人的潜意识里，影响性格的健全发展。

2. 合理化作用

合理化作用也叫酸葡萄作用。当一个人无法达到其追求的目标，或其表现的行为不符合社会的价值标准时，就会给自己找出适当的理由来解释。合理化起着自我安慰的作用，尽管在旁人看来，这个理由可能是荒唐的，但其本人却以此说服自己。虽然它有自欺欺人的意思，但能使人的性格保持安定，是一种多数人都有的心理反应。

3. 补偿作用

当一个人存在某些方面的不足，为了弥补这些不足所带来的自我价值的缺失，他会在其他方面加倍努力，以求得心理上的平衡。比如，相貌平平的人学习特别刻苦，成为了学霸。

4. 投射作用

人们无意识将一些自己所不期望的动机、态度和人格特点投射到别人身上，使自己觉得别人具有这些特点，以此来削减自我将被否定的恐惧，维持自己的心理平衡。日常生活中所说的"以小人之心，度君子之腹"，就是典型的投射作用。

5. 表同作用

这是一种与投射作用相反的防卫机制，是指个体为了迎合提供需要满足的保护者，如经理、父母等，而在思想上和行为上模仿他们，将自己与他们视为一体，依照他们的希望行动，以期减少挫折。表同作用的另一种表现是当一个人在现实生活中无法获得成功或满足时，便将自己比拟为某一成功者，模仿他的穿着、言行等，借此在心理上分享他的成功。

6. 逃避作用

一个人不敢面对自己预感的挫折情景，而逃避到相对安全的地方。其一，逃向另一现实，如回避自己没把握的工作，而埋头于与此无关的某件事，以排除心理上的焦虑；其二，逃向幻想世界；其三，逃向生理疾病，如学生害怕考试，在考试时可能生病，这种疾病不是装出来的，是真生病。

7. 反向作用

个体为了防止某些不好的动机呈现于外表行为，就采取与动机相反方向的行动，即想借助相反的态度与行为，抑制内心的某些动机，如小孩子做了坏事后在妈妈面前表现得特别乖。

8. 幽默作用

当一个人处于困难或者陷入尴尬境地时，有时可使用幽默来化险为夷，渡过难关；或者通过幽默来间接表达潜意识意图，在无伤大雅的情形中处理问题。例如，大名鼎鼎的哲学家苏格拉底，他妻子的脾气非常暴躁，有一天，当苏格拉底正在跟一位

客人谈话时，夫人忽然跑进来大骂苏格拉底，接着拿一桶水往苏格拉底头上倒，将他全身淋湿了。这时，苏格拉底一笑，对着客人说："我早就知道，打雷之后，一定会下雨的。"本来很难为情的场面，经苏格拉底这么一幽默，把大事化小，渡过难关，免除尴尬。由此可见，幽默也是一种成熟的心理防卫机制，人格发展成熟的人，懂得在适当的场合使用合适的幽默可以转换困境，减轻挫折感。

当然，心理防卫机制有其一定的消极作用，它并不能解决现实存在的问题，往往带有一种"自我欺骗"的性质。它常常只起到使人逃避现实的消极作用，有时还会使实际问题复杂化，提高心理冲突的程度。

五、挫折的预防

（一）减少产生挫折的原因

对于自然因素，虽然有些是不可避免的，但有些还是可以采取措施加以预防的，如暴风雨预报、台风警报等。工作过程中的因素也可以预见，如防护装置不健全、原材料堆放不当、通道堵塞等，这些因素是可以避免的。对于社会因素，应尽量适应环境，遵守法令、社会秩序、公共道德、风俗习惯等，加强法制观念。对于生理因素，应考虑个人的生理特点，利用自己所长，避免短处。

（二）改善人际关系

与同事建立互相信任、互相帮助、互相支持、互相尊重的良好合作关系，尤其要注意改善与直接上司、直接同事的关系。如果员工之间出现一时无法解决的矛盾，可寻求组织帮助，调动工作岗位。

（三）采取宽容的态度

对别人采取宽容的态度，既有利于改善与他人的关系，也有利于自己的心态平和，一般情况下，宽容的员工也能够得到别人的宽容。

（四）精神发泄法

创造一种使受挫人可以自己表达受压抑情感的环境，如倾诉，当人把不满情绪倾诉出来时，心情会平和许多。日本许多企业会设立一间特殊的房间，让员工可以到这房间去对着自己不满的领导的头像打击，以发泄压抑的情绪。

（五）心理咨询和心理治疗

心理咨询和心理治疗都是通过专业化的方法解决挫折问题。心理咨询的对象是存在心理问题但没有心理疾病的人，主要方法是通过交流沟通等认知手段，帮助人们树立正确的认识和观念。心理治疗的对象是有心理疾病的人，主要方法是以药物干涉进行治疗。

（六）实施员工帮助计划

员工帮助计划是企业为员工设置的一套系统的、长期的福利与支持项目，通过专业人员对组织的诊断、建议和对员工及其直系亲属提供的专业指导、培训和咨询，帮助解决员工及其家族成员的种种心理和行为问题，提高员工的工作绩效，这一计划被形象地称为"精神按摩"。

员工帮助计划的具体内容包括压力管理、职业心理健康、裁员心理危机、灾难性事件、职业生涯发展、健康生活方式、法律纠纷、理财问题、饮食习惯、减肥等许多方面。员工帮助计划由美国人发明，最初用于解决员工酗酒、吸毒和不良药物影响带来的心理障碍。如今，许多企业的实践证明，员工帮助计划能够缓解工作压力，调整不良情绪，提高工作积极性，增强员工的自信心，使其有效处理同事、客户关系，克服不良嗜好等，从而为企业带来巨大的经济效益。

资料2-3

常见的神经症

一、焦虑症

焦虑症又叫焦虑性神经症，是以发作性或持续性情绪焦虑和紧张为主要临床症状的神经症。常伴有头昏、头晕、胸闷、心悸、呼吸困难、口干、尿频、出汗、震颤和不安等明显的躯体症状，其紧张或惊恐程度与现实情况不符。焦虑症是一种普遍的心理障碍，在女性中的发病率比男性高。研究表明，城市人口中大约有4.1%～6.6%的人群会得焦虑症。

焦虑症的症状表现为以下七个方面。

(1) 感到危险迫在眉睫，不幸即将来临，故惶惶不可终日。

(2) 感到自我失去控制，好像就要发疯，或即将死去，或即将失去理智，伴有强烈的恐惧感。

(3) 好像面临紧急处境，高度警觉，心跳加快，肌肉紧张，随时准备抉择，对外界信息特别敏感，尤其怕噪声，普通强度的谈话声音或脚步声都会令其难以忍受。

(4) 对自身的躯体变化高度关注，容易产生疑病观念。

(5) 因长时间高度警觉，精神及躯体均严重耗竭，感到高度疲乏。

(6) 感到自己在处理个人事务上无能为力，对自己躯体与精神上的痛苦体验无力改变，凡事穷思竭虑无力摆脱。

(7) 陷入自我怀疑，沉溺于内心活动或躯体感受之中，不能自拔，凡事总向坏处想，胡思乱想，不能自制。

焦虑症的治疗以心理治疗为主，辅以药物进行综合治疗。自我防治焦虑症参考以下六个方面方法。

(1) 应充分认识到焦虑症不是器质性疾病，对人的生命没有直接威胁，因此病人不应有太大的精神压力和心理负担。

(2) 要树立战胜疾病的信心，患者应坚信自己所担心的事情是根本不存在的，经过适当的治疗，此病是完全可以治愈的。

(3) 在医生的指导下学会调节情绪和自我控制，如心理松弛，转移注意力、排除杂念，以达到顺其自然，泰然处之的境界。

(4) 学会正确处理各种应急事件的方法，增强心理防御能力。培养广泛的兴趣和爱好，使心情豁达开朗。

(5) 在可能的情况下争取家属、同事、组织上的关照、支持，解决好引起焦虑的具体问题。

(6) 适应用抗焦虑药，遵医嘱。

二、神经衰弱症

神经衰弱是一种很常见的神经症，尤其在城市白领阶层得病比率较高。其表现症状有以下五点。

(1) 情感症状，如烦恼、心情紧张、易激怒等，常与现实生活中的各种矛盾有关，感到困难重重，难以对付。

(2) 兴奋症状，如感到精神易兴奋(如回忆和联想增多，主要是对指向性思维感到费力，而非指向性思维却很活跃)，因难以控制而感到痛苦和不快，但无言语运动增多。有时对声光很敏感。

(3) 肌肉紧张性疼痛(如紧张性头痛、肢体肌肉酸痛)或头晕。

(4) 睡眠障碍，如入睡困难、多梦、醒后感到不解乏，睡眠感丧失，睡眠觉醒节律紊乱。

(5) 其他心理生理障碍，如头晕眼花、耳鸣、心慌、胸闷、腹胀、消化不良、尿频、多汗、阳痿、早泄或月经紊乱等。

神经衰弱症的治疗与调适原则上以精神治疗为主，辅以必要的药物治疗，加强躯体锻炼、调整生活规律也是极为重要的。

(1) 精神治疗：积极向医生咨询，弄清楚神经衰弱的发病原因、临床特点、演变规律、防治措施，充分认识到疾病的本质，消除对疾病的恐惧心理，主动配合医生的治疗。调整自己的生活规律，注意劳逸结合，坚持躯体锻炼，增强体质和中枢神经系统功能活动的稳定性。

(2) 药物治疗：主要是对症治疗，遵医嘱。

(3) 物理治疗：温泉疗法、水疗、头部按摩、电兴奋等。

三、抑郁症

抑郁症是由社会心理因素引起的以持久的情绪低落为主要特征的神经症，是一种危害人类身心健康的常见病。其临床表现明显为以下五点。

1. 心境低落

心境低落主要表现为显著而持久的情感低落，抑郁悲观。轻者闷闷不乐、无愉快感、兴趣减退，重者痛不欲生、悲观绝望、度日如年、生不如死。典型患者的抑郁心境有晨重夜轻的节律变化。在心境低落的基础上，患者会降低自我评价，产生无用感、无望感、无助感和无价值感，常伴有自责自罪，严重者出现罪恶妄想和疑病妄想，部分患者可产生幻觉。

2. 思维迟缓

患者思维联想速度缓慢，反应迟钝，思路闭塞，自觉“脑子好像是生了锈的机器”，“脑子像涂了一层糨糊一样”。临床上可见主动言语减少，语速明显减慢，声音低沉，对答困难，严重者无法顺利进行交流。

3. 意志活动减退

患者意志活动呈显著持久的抑制。临床表现行为缓慢，生活被动、疏懒，不想做事，不愿和周围人接触交往，常独坐一旁，或整日卧床，闭门独居、疏远亲友、回避社交。严重时连吃、喝等生理需要和个人卫生都不顾，蓬头垢面、不修边幅，甚至发展为不语、不动、不食，称为“抑郁性木僵”，但仔细进行精神检查，患者仍流露痛苦抑郁情绪。伴有焦虑的患者，可有坐立不安、手指抓握、搓手顿足或踱来踱去等症状。严重的患者常伴有消极自杀的观念或行为，并会使自杀企图发展成自杀行为。这是抑郁症最危险的症状，应提高警惕。

4. 认知功能损害

研究认为抑郁症患者存在认知功能损害。主要表现为近事记忆力下降、注意力障碍、反应时间延长、警觉性增高、抽象思维能力差、学习困难、语言流畅性差、空间知觉、眼手协调及思维灵活性等能力减退。认知功能损害导致患者社会功能障碍，而且

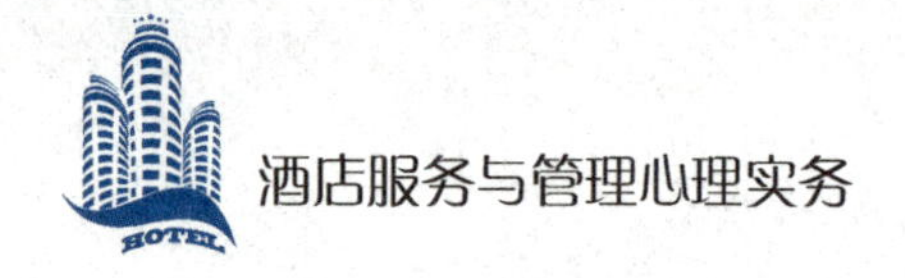

影响患者远期预后。

5. 躯体症状

躯体症状主要有睡眠障碍、乏力、食欲减退、体重下降、便秘、身体任何部位的疼痛、性欲减退、阳痿、闭经等。躯体不适的体诉可涉及各脏器，如恶心、呕吐、心慌、胸闷、出汗等。自主神经功能失调的症状也较常见。病前躯体疾病的主诉通常加重。睡眠障碍主要表现为早醒，一般比平时早醒2～3小时，醒后不能再入睡，这对抑郁发作具有特征性意义。有的表现为入睡困难，睡眠不深；少数患者表现为睡眠过多。体重减轻与食欲减退不一定成比例，少数患者可出现食欲增强、体重增加。

抑郁症的治疗是一项复杂的工程，需要医生、患者和家属朋友等一起努力，采用药物治疗和心理治疗相互配合进行治疗。

(1) 药物治疗。药物治疗是中度以上抑郁发作的主要治疗措施。

(2) 心理治疗。常用的心理治疗方法包括支持性心理治疗、认知行为治疗、人际治疗、婚姻和家庭治疗、精神动力学治疗等，其中认知行为治疗对抑郁发作的疗效已经得到公认。

对大多数的抑郁症患者来说，自我调适意义非凡，可以尝试一些有效的方法：(1)自我精神暗示。这种治疗方法具体做来需要患者首先承认自己精神上抑郁，然后学会每当产生一个抑郁的错误认识时，及时地予以识别并记录下来，并进行反思。(2)多晒太阳并补充食物营养。心理专家建议多晒太阳和多吃富含B族维生素的食物，像粗粮、鱼等，有助于缓解抑郁症状。相比于其他，这种中度抑郁症的治疗方法估计是最易被患者接受的。(3)加强体育锻炼。加强体育锻炼，不仅可以增强人的体质，而且锻炼后可以给人一种轻松和自己作主的感觉，有益于克服抑郁症患者的孤独感。在开始锻炼时，须先向自己的主治心理医师咨询。(4)扩展社会交往。研究表明，善于与人结交者比喜欢独来独往的人在精神状态上要欢快得多。因此，心理专家鼓励患者走出家门，积极投入到各项社会性集体活动中，这对放松心情、忘掉抑郁很有帮助。

四、抑郁症病例分析

因创作中篇小说《老人与海》荣获1954年诺贝尔文学奖的美国著名作家海明威的生活经历中，充满了紧张与压力，他的内心经受着剧烈痛苦与复杂纷呈的变化。他企图利用各种各样的生活方式摆脱和逃避沮丧、低落的情绪，如不停歇地旅行冒险，寻求各种刺激性生活等。他在躯体上企求生存，却在心理上渴望死亡。小说《老人与海》主人公桑提亚哥在海上与鲨鱼搏斗的经历与内心活动诠释了这一矛盾的心态。

捕鱼老人桑提亚哥连续84天在海上一条鱼也未捕到，第85天出海，经历了三天两夜的搏斗，终于捕到一条巨大的大马林鱼，归途中却不断遭到鲨鱼的袭击。为不使大马林鱼被鲨鱼吃掉,老人奋力反击,凭着超人的勇气和力量,一次次把凶残的鲨鱼击退,但最终船上的大马林鱼只剩下一副骨头架。尽管老人失败了,但“你尽可能把他消灭掉,可就是打不败他”。老人的内心独白,简直就是海明威一生的写照。作家诺曼曾入木三分地剖析道:“海明威这种漂泊不定的生活之真正的根源是他的一生都在跟恐惧和自杀的念头做斗争。他的内心世界犹如一场噩梦。他的夜晚是在同死神的搏斗中度过的。”

为挣脱出焦虑与忧郁情绪的罗网,海明威曾寻求女人与烈酒的刺激,他跟许多女人有过关系,结过许多次婚,搬过很多次家;酗酒也无济于事。他像只被凶恶老雕穷追不舍的猎物,被追得无路可逃。1961 年夏日的一天,他终于用子弹结束了顽强拼搏的一生。

项目五　员工常见的心理问题及应对

世界卫生组织关于健康的定义:“健康乃是一种在身体上、精神上的完满状态,以及良好的适应力,而不仅仅是没有疾病和衰弱的状态。”这就是人们所指的身心健康,也就是说,一个人在躯体健康、心理健康、社会适应良好和道德健康四方面都健全,才是完全健康的人。

躯体健康一般指人体生理的健康。

心理健康一般有三个方面的标志。第一,具备健康心理的人,人格是完整的,自我感觉是良好的。情绪是稳定的,积极情绪多于消极情绪,有较好的自控能力,能保持心理上的平衡。有自尊、自爱、自信心以及有自知之明。第二,一个人在自己所处的环境中,有充分的安全感,且能保持正常的人际关系,能受到别人的欢迎和信任。第三,健康的人对未来有明确的生活目标,能切合实际地、不断地进取,有理想和事业的追求。

社会适应良好是指一个人的心理活动和行为能适应当时复杂的环境变化,为他人所理解,为大家所接受。

道德健康最主要的是不以损害他人利益来满足自己的需要,有辨别真伪、善恶、荣辱、美丑等是非观念,能按社会认为规范的准则约束、支配自己的行为,能为人的幸福作贡献。

酒店工作是一个可见度比较高的工作,需要人与人的通力合作,还要经常与陌生的顾客打交道。因此,要求员工情绪稳定,性格乐观合群,为人宽容;善于与人沟通合作,善于觉察和满足别人的需要和愿望;对工作充满自信,仔细认真,责任感强。但

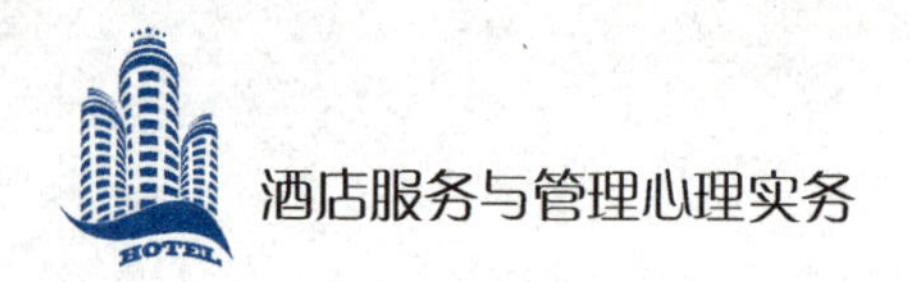

是，由于酒店工作的特殊性和员工的个体差异，部分员工有时难以表现出正常的状态，出现一些心理问题，以致直接影响服务的质量，还会给其他员工的工作带来消极影响，对员工本人的成长和发展也是不利的。

一、员工认知心理问题及应对

（一）自卑心理

自卑心理是一种感觉自己不如他人并因此而苦恼的心理，是一种因严重自我否定而产生的心理状态。自卑会令人不切实际地低估自己，或只看到自己的缺陷而看不到自己的长处，对自己各方面的评价往往过低，轻视自己，害怕得不到别人的尊重，但又总感到自己不如别人，丧失了实现自我的信心。他总是以别人为参照系罗列理由，说明自己的无知和无能，背上不必要的思想包袱，失去了自强不息的奋斗精神，进而影响一个人的能力发展和未来的成就。

在一般情况下，自卑的人表现为情绪低沉不愿与人交往，缺乏自信，心灰意冷，但有时也会表现出不承认自己的不足并竭力掩饰，以使他人察觉不出他的自卑，为此常常有些夸张的表现，故作炫耀，总想一鸣惊人，有时还表现出较强的虚荣心，常常对自己的不足和别人的评价很敏感，极力掩饰自卑。

酒店员工的自卑感主要来源于对酒店职业的评价过低和自我评价过低。酒店员工所从事的服务工作要求尊重顾客，对顾客的缺点甚至是非礼貌行为能持宽容态度，如果与顾客发生意见分歧时，不能与顾客争辩，对顾客的无理要求也要保持冷静，不能表现出不满，更不能指责。这样的职业规则使许多酒店员工感觉低人一等，是“侍候人”的工作，从而产生自卑心理。

酒店员工的自卑心理首先源自对顾客关系的认识误差。实际上，顾客不是“上帝”，不是“主人”“老爷”，而是酒店请来做客的朋友，是平等的合作伙伴。顾客与员工在本质上说是一种交换关系：顾客付出金钱，得到服务和享受；员工付出劳动，得到工薪。这是一种平等的关系。因此，克服自卑心理的关键是充分认识顾客与服务人员之间的平等且公平的交换关系，从而树立起职业自豪感和成就感。

酒店员工的自卑感还来源于对自己的能力评价过低，总认为像外行所认为的那样，做酒店服务没什么技术含量，是谁都可以做的，从而产生自卑心理。其实，酒店工作有许多独特性，要做好酒店服务与管理工作的要求很高，在身体素质、心理素质、人际交往能力、语言表达能力、经营管理水平等方面都有较高的要求。因此，酒店员工通过提高能力水平，发挥自己的优势，充分体现自己的社会价值，一定能充满自豪感和职业成就感。

有些酒店的高层领导喜欢高高在上，居高临下，不能平等对待基层员工，也是令员工产生自卑感的原因之一。

自卑的小曾

小曾和小王是同学，他们一同分配在酒店的餐饮部实习，小曾因个子比小王矮，一直认为客人肯定更喜欢小王，怕客人歧视自己，于是待客不主动，接待客人时总是让小王上前，而自己则做一些备餐、清洁卫生等工作。一段时间以后，主管认为小曾偷懒，工作不主动，责令其改正。

思考：小曾的问题在哪儿？如何克服自卑心理？

酒店员工的自卑心理会影响其工作和生活，甚至会危害身体健康，一定要学会心理调适，在此给出以下五点建议。

(1) 列出自己的优点，多想想自己的长处和优点。还要正视自己的缺点和不足，要知道每个人都是不完美的。慢慢学会接纳自己、欣赏自己，多给自己一些鼓励，相信自己有足够的能力。

(2) 不拿短处和人比，客观全面地看待事物，看待他人。任何事物都有积极的一面和消极的一面，不要总拿自己的短处与别人的优点去比较。

(3) 踏踏实实做点事。踏踏实实地去做自己有能力并且喜欢做的事，不断体验到成功的喜悦，你会越来越自信，从而逐渐远离自卑。

(4) 学会微笑。微笑不但能治愈自己的不良情绪，还能马上化解别人的敌对情绪。如果你真诚地向一个人展颜微笑，他就会对你产生好感，这种好感足以使你充满自信和快乐。

(5) 管理者多给予员工关心和鼓励，平等对待每一位员工，发现和挖掘每一位员工的优点，使员工意识到自己对酒店和社会的意义。

(二) 悲观心理

悲观心理是指人的情绪经常处于消极状态，对生活或工作持消极看法，表现为摇头叹息、心灰意冷，或牢骚满腹、怨天尤人，把负面情绪积于心中而无从排解。

悲观心理将导致员工对工作缺乏热情和主动性，思维僵化，对新事物的敏感度降

低，思考问题和解决问题能力下降。因此，员工一定要改变这样的心理状态，设法调适。

1. 改变悲观的认知习惯

悲观心理的产生从根源上看是一种不正确的认知习惯造成的，因此要改变这样的认知，在看待事物与自己的关系时应该首先关注事物对自己有利的、积极的方面，并有意识地长期坚持这种认知方法，直到形成正确的认知习惯。要常常告诉自己：别人的误解、敌视其实并不重要，生活中仍有很多美好而令人欣喜的事物，关注那些具有积极意义的事物，你就可以逐步排遣自怨自艾的情绪。

2. 不做欲望的奴隶

“知足常乐”，乐观的人常常自我感觉良好，对失败有点可贵的“马大哈”精神；而悲观的人经常焦虑不安，后悔本应做得更好的事未能做好，对别人获得的每一个成就都想要，总是希望尽善尽美，最后总是既有无穷的欲望又有无穷的懊悔。

3. 不要过分挑剔

大凡乐观的人往往是“憨厚”的人，而愁容满面的人又总是那些不够宽容的人，他们看不惯社会上的一切，希望人世间的一切都符合自己的理想模式。挑剔其实是一种消极心理，极易令人产生悲观情绪。怨恨、挑剔是心理软弱、“老化”的表现。

4. 偶尔也要屈服

即使生活中遭受了打击，面临着痛苦，悲观是无济于事的，你不如冷静地承认发生的一切，不被生活中的负担所束缚，放弃不切实际的幻想，重新设计新的生活。要做到能屈能伸，只要不是原则问题，不必过分固执。

二、员工的人际心理问题及应对

在与他人的交往过程中，由于人格、环境以及生活经验的影响，我们每个人都形成了一定的交往模式。有效的交往模式是良好的适应的基本技能，不良的交往模式成为个体压力的主要来源。人际心理问题也将严重影响酒店员工的工作和生活质量，应该得到重视。

员工的人际心理问题主要体现在以下四个方面。

（一）自私

自私是指在人际交往和处理人际关系时，总是从自己的需要、感受出发，忽略和漠视交往对象的感受和需要。这种心理状态在工作中会造成员工之间相互不配合，甚至相互推诿和拆台，以致服务工作无法在各环节之间顺畅地衔接，进而影响服务质量和工作绩效。

案例2-12

“聪明”的小刘

小刘和同学一起分配在礼宾部实习，行李生的休假是由大堂副理安排的，一般情况下每月休息8天，但如遇酒店大型接待或旅游旺季则会把休息往后调。可大家发现每逢酒店大型接待时，小刘都会找出各种理由要求大堂副理给他安排休假，看到其他同学疲惫的样子，他得意于自己的聪明。

思考：小刘的做法合适吗？最终会给他本人及礼宾部的工作造成怎样的后果？

克服自私，即克服以自我为中心的心理，需要我们经常对自己的心态与行为进行自我观察，并依据社会公德与社会规范的客观标准加强学习，强化社会价值取向，从自己自私行为的不良后果中看到危害；并且多关注别人的需要和感受，多进行换位思考；在跟别人合作的过程中获得利益，获得快乐。

（二）嫉妒

嫉妒是指因发现别人在某些方面超越自己而产生的不快、不满、怨恨、愤怒等情绪的综合。它带有明显的敌意，甚至会产生攻击诋毁他人的行为，不但危害他人，给人际关系造成极大的障碍，最终还会摧毁自己。轻微的嫉妒心理会激励一个人努力进取，但嫉妒达到了一定强度时，就会产生很大的危害：既破坏人际关系的和谐，又易造成个人的内心痛苦，还导致酒店内部不团结。法国思想家拉罗什福科说：“嫉妒是万恶之源，怀有嫉妒心的人不会有丝毫同情心，嫉妒者爱己胜于爱人。”

案例2-13

没有文凭的“玲姐”提升为领班

某酒店最近新来了几位酒店管理专业的毕业生，看到这些年轻的面孔和他们自信的神情，非科班出身的客房部老员工蒋玲非常羡慕。领导安排蒋玲指导这几位新来的大学生的工作，蒋玲尽心尽责，使他们很快就适应了正常工作。三个月后，酒店进行人事调整，要在客房部提升两位领班，平时工作踏实肯干，深受顾客好评的蒋玲顺利地晋升了领班。此事强烈地刺激了这几位大学生，他们认为蒋玲要文

凭没文凭，又没经过专业学习，仅仅是因为她多干了一年多，就可以成为他们的领导，心里很是不服。于是，处处跟蒋玲作对，原来亲切地叫蒋玲为“玲姐”，而现在见面连招呼都不愿打，这让蒋玲很难过，他们自己也感到非常别扭，自然影响工作也影响心情。

思考：这几位大学生的做法对吗？如何克服嫉妒心理？假如你就是蒋玲，你将怎么办？

地位相似，年龄相仿，经历相近的人之间容易产生嫉妒心理。要克服嫉妒心理需要很强的意志力。可以从以下八个方面进行调适。

（1）坦诚相待，将心比心，设身处地地为别人着想，与朋友多多交往，加深理解。

（2）培养乐观的人生态度，自得其所，自得其乐。

（3）尽量不去与别人相比，多与自己的过去比。

（4）把别人的成就看做是对社会的贡献，而不是对自己权利的剥夺或地位的威胁，将别人的成功当做一道风景线来欣赏。

（5）学会赞美别人，通过赞美别人来呈现自己的博大胸襟。

（6）向对方公开展示自己的抱负，提高自己在对方心目中的地位，给自己增加压力，利用竞争促使自己上进。

（7）不断充实自己的生活，寻找新的自我价值，发挥自己的潜能，建立新的动力定势。

（8）埋头苦干，专注于自己的事业，成为真正的强者。培根说：“每一个埋头投入自己事业的人，是没有功夫去嫉妒别人的。”

（三）刻薄

刻薄是指在人际交往中习惯于对别人进行负面评价，并用尖锐和攻击性、刺激性的语言表现别人的缺点。刻薄是人际交往中的一大障碍，它会恶化和谐的人际关系，破坏同事之间的合作关系和合作气氛，从而导致工作效率低下，服务质量降低，而且给别人带来不愉快甚至伤害。

改变刻薄心理和习惯，首先要学会以宽容之心对待别人，在对别人进行评价时应多注意别人的优点，学会站在对方的立场看待别人的行为。同时，在对别人的行为特别是缺点进行评价时，首先自我反思：自己的看法客观吗？自己的看法对别人公平吗？我的话会引起对方什么样的感受？经常进行这样的反思，就会逐渐改变待人刻薄的习惯。

（四）孤僻

孤僻是指不合群，不愿意、不善于与别人沟通和交流，也不善于和别人合作。孤僻常表现为独来独往、离群索居，对他人怀有厌烦、戒备和鄙视的心理状态。凡事与己无关、漠不关心，一副自我禁锢的样子；如果与人交往，也会缺少热情和活力，显得漫不经心、敷衍了事。孤僻的人很难跟同事融洽相处，在工作协调沟通中易出现严重的问题，也难以与顾客沟通，易给顾客留下服务不主动、没热情的印象。

克服孤僻心理的方法有以下两个。

1. 正确评价和认识自己及他人

一方面要正确认识孤僻的危害，敞开闭锁的心扉，追求人生的乐趣，摆脱孤僻的缠绕；另一方面正确地认识别人和自己，努力寻找自己的长处。孤僻者一般都没能正确地认识自己，有的自恃比别人强，总想着自己的优点、长处，只看到别人的缺点、短处，自命不凡，不屑于和别人交往；有的倾向于自卑，总认为自己不如人，交往中怕被别人讥讽、嘲笑、拒绝，从而把自己紧紧地包裹起来，保护着脆弱的自尊心。这两种人都需要正确地认识别人和自己，多与别人交流思想，沟通感情，享受朋友间的友谊与温暖。

2. 学习交往技巧，优化性格

可看一些有关交往的书，学习交往技巧。同时多参加正当、良好的交往活动，在活动中逐步培养自己开朗的性格。要敢于与别人交往，虚心听取别人的意见，同时要有与任何人成为朋友的愿望。这样，在每一次交往中都会有所收获，丰富知识经验，纠正认识上的偏差，获得了友谊，愉悦了身心，便会重树你在大家心目中的形象，长此以往，就会喜欢交往，喜欢结群，变得随和了。可以先从结交一个性格开朗、志趣高雅的朋友开始，处处跟着他学，并请他多多提携。

三、员工的情绪心理问题及情绪管理

情绪是个体对外界刺激的主观的有意识的体验和感受，具有心理和生理反应的特征。情绪不可能被完全消灭，但可以进行有效疏导、有效管理、适度控制，使自己保持健康情绪。

（一）健康情绪的标准

1. 情绪稳定性好，表达方式恰当

情绪正常、稳定，很少大起大落或喜怒无常，能承受欢乐与忧愁的考验；能适度地

宣泄，情绪表达符合社会需要和自身需要。

2. 情绪反应适时适度

情绪的作用时间随客观情况变化而转移。通常当引起情绪的因素消失后，人的情绪反应也相应消失。例如，生活中受了委屈，当时可能会很生气，事情过后，慢慢地就自己调节好了，如果长期生气，就是不健康的情绪表现了。

3. 积极情绪胜过消极情绪

情绪健康并不否认消极情绪的存在，但健康情绪应是愉快情绪多于不愉快情绪，而且消极情绪持续的时间短，对人的影响力小。健康情绪的人一般开朗、豁达，遇事不斤斤计较，不为一些鸡毛蒜皮的小事动肝火；对前途充满信心，富有朝气，勇于上进，坚韧不拔；能面对现实、承认现实和接受现实，并能按社会的要求行动；对平凡的事物保持兴趣，能不断从生活环境中得到美的享受。

（二）情绪管理的方法

酒店员工常见的情绪心理问题是情绪不稳定，表现为情绪容易出现波动，从而影响工作积极性和工作绩效。

从深圳回来的小罗郁闷了

小罗是上个月来酒店上班的新员工，他因为家里有突然的变故，不得不从深圳回到家乡来工作，以便有时间照顾母亲。来到这家酒店后他感觉跟原来任职的深圳的那家酒店有较大的差距，于是心理有落差，再加上客房部的工作比较枯燥，于是他整天都无精打采，闷闷不乐，情绪很不好，这样下去不仅对工作质量会有较大影响，对他本人的身体健康也不利。

思考：你作为小罗的同事，想帮助他从这种情绪中走出来。你将如何帮助他呢？

情绪管理，就是用对的方法，用正确的方式，探索自己的情绪，然后调整自己的情绪，理解自己的情绪，放松自己的情绪。情绪管理就是善于掌握自我，善于调节情绪，对生活中矛盾和事件引起的反应能适可而止地排解，能以乐观的态度、幽默的情趣及时缓解紧张的心理状态。

1. 认识自己的情绪

只有自觉地认识到自己此时的情绪状态，才有可能进行合理调节。

2. 学会自我安慰,减轻压力

有时,人需要一点“阿 Q”精神,合理化运用心理防卫机制的作用,减轻压力,给自己退路,学会自我安慰。

3. 积极的心理暗示

当自己处于负面情绪控制状态时,需要采取措施从消极情绪中走出来,最好的办法就是对自己进行积极的心理暗示,通过自语、思维、行动等对自己的心理进行积极影响。

4. 转移注意力

当自己的情绪激动起来时,为了使激动的情绪不至于立即爆发和难以控制,要有意识地转移话题或做点别的事来分散注意力,可使情绪得到缓解,如听音乐、看电影、散步、下棋等有意义的轻松的活动。

5. 适度宣泄

当心中不愉快或受委屈时,不要默默地放在心上,可以向知心朋友或亲人倾吐出来,或者干脆大哭一场,这种发泄往往能够快速释放心中的郁闷。当然,发泄的对象、地点、场合和方法要得当,防止伤害他人,影响工作。酒店员工发泄情绪不应在工作期间对顾客发泄,而应该在下班后找朋友倾诉,或进行一场剧烈的运动,或用大声喊、唱歌、哭出来等方法发泄。

(三) 四种不良情绪的调控

1. 消沉情绪

消沉情绪是失去信心后的一种情绪表现,是一个人心理上的大幅度转折。在此之前,他可能对工作充满了热情和希望,内心踌躇满志,信心百倍,但是在具体的服务工作中一次次的挫折和不如意,会让他对工作失去信心和热情,怀疑自己的工作能力,导致消极情绪的产生。在酒店服务工作中,员工缺乏目标,害怕承担责任以及害怕被客人拒绝和失败等,都会对自我情绪有一定影响,产生消沉情绪。

要化解消沉情绪,首先要培养自己的健康心理,对工作和接触的人持肯定和主动态度,对事物保持欣慰、赞赏、热爱的情绪状态,减轻心理疲劳,从而激发进取精神,克服消沉情绪。同时要加强与外界的联系,不断扩充自己的视野和知识面,具有对新事物的充分敏感。其次,要提高对社会环境的适应能力。社会环境是复杂的、多样的、动态的,这就注定在人生的道路上不可能一帆风顺,肯定会遇到这样或那样的挫折。如果能以积极的心态面对,就可以正确看待自己所处的位置,把期望值调整到在现实中有充分实现可能性的范围,并留有余地,就不会因期望落空而陷入情绪波动、苦恼和失望中。

2. 愤怒情绪

愤怒情绪是指遇到与愿望相违背的事情，或愿望不能实现并一再受到挫折，致使紧张状态逐渐积累而产生的敌意性情绪，是一种不满情绪的外露。从心理上表现为紧张、痛苦，以至无法压抑的感情爆发。它的表现形式往往是攻击性的，如果对愤怒的情绪不进行及时调控，则会造成破坏性的后果，尤其是在对客服务工作中，如果服务人员不能控制这种不良情绪，与客人针锋相对，那么势必会引发严重的后果。

当服务人员受到外界因素的刺激而心中生怒时，如果能够暂时离开生怒时的环境，当然会对情绪的控制有好处，但有时服务人员不能选择回避，只有通过控制自我情绪、转移注意力来平息愤怒，同时以自我的良好情绪来感染客人，降低客人愤怒的程度。

3. 厌倦情绪

厌倦情绪也是在服务工作中经常会产生的，由于服务工作的重复性很强，员工比较容易产生厌倦心理，尤其是较长时间从事同一岗位工作的人。比如，在客房服务中员工每天都需要清理同样的房间，所做的工作内容是重复的，而且劳动强度大，意志薄弱的员工最容易产生厌倦情绪。为了避免这种情绪的产生，员工不能应付性地完成工作，而是应该探究性地对待工作，只有这样才会发现工作中的乐趣，从中得到更多的启示和创新，对工作才会有更大的热情和兴趣。

4. 紧张情绪

对于酒店服务来说，一些刚刚走上工作岗位的新员工，由于缺乏工作经验，对面临的工作存在一些紧张心理，害怕不能胜任岗位工作要求，担心不能让客人满意；另外，当面临新的任务，尤其是一些以前没接触过的强度和要求都较高的工作，也会使员工产生紧张情绪。

员工要调控自己的紧张情绪，首先要学会精神松弛，可以通过深呼吸、听音乐、跟朋友聊天等方式让精神松弛下来。其次要保持良好的睡眠和营养，注意饮食和休息方面的科学合理安排。

（四）健康情绪的培养

不良情绪的持续存在将给身心健康带来严重的后果，给个人的学习、生活、工作造成不良影响，有时甚至是毁灭性的打击。因此，要认真掌握自己的情绪状态，防止消极情绪的产生，从源头上采取措施积极培养健康的情绪。

1. 要有自己的事业和追求

没有追求，没有人生的价值目标，人就会失去前进的方向而感到迷茫，在学习和工作中就会产生一种刻板、重复的不愉快的情绪。反之，若有一个价值目标并积极地为之奋斗，就会领略到一种自然的满足和愉快，并对自己的情绪产生积极的影响。

2. 积极参与社会交往

保持身心健康的最佳途径就是积极参与人们的共同生活，多交朋友，多作贡献，体现自己的价值。社会支持能使人产生积极的情绪体验，这些积极的情绪体验又会使人们更积极地与人交往，更好地适应环境与应对突发事件。

3. 培养幽默感

幽默感是一种帮助个人适应的极为有益的工具。当一个人发现不和谐现象时，他一方面要能很客观地了解面临的事实，同时又要做到不使自己陷入激动状态中。此时最好的办法就是以幽默的态度去对待，这样做常常可以使一个比较紧张的气氛变得轻松。

4. 增加愉快的生活体验

每个人生活中都包含着各种滋味的经验，有愉快的，也有辛酸的。对个人心理健康来说，人生中应该多积累正面、愉快的经验。这并不是说要逃避那些辛酸的情境，在很多情况下那是不可避免的。如果能设法增加生活的情趣，将使自己的生活中充满积极而愉快的经验，这样，即使偶尔遇到逆境或精神上的屈辱，也不至于激起过于强烈的情绪反应。

5. 学会看事物积极的一面

对于任何一个事物，如果从不同的角度去观察，将会给人以不同的印象。很多从表面看是令人生气或悲伤的事件，如果变换一个角度，以另外一种眼光去看，常可发现一些正面的、具有积极意义的东西。

6. 养成乐观愉快的习惯

轻松、乐观、愉快总是有益无害的。培养健康的情绪，必须避免怨天尤人、指责社会、挑剔别人。在社会交往中尤其要养成和颜悦色谈话的习惯。

7. 学会果断处理问题

在日常生活中需要应付的问题很多，无法都处理得十分妥当。因此，宁可偶尔出些小错，也不要为一些问题纠结不休。犹豫不决必然会引起不良的情绪。

作业2-6：

1. 上网查阅资料，了解情商的概念，探讨情商的培养途径。

2. 在工作状态下的情绪管理和在生活状态下的情绪管理方法上是否要有所区别？区别在哪些方面？

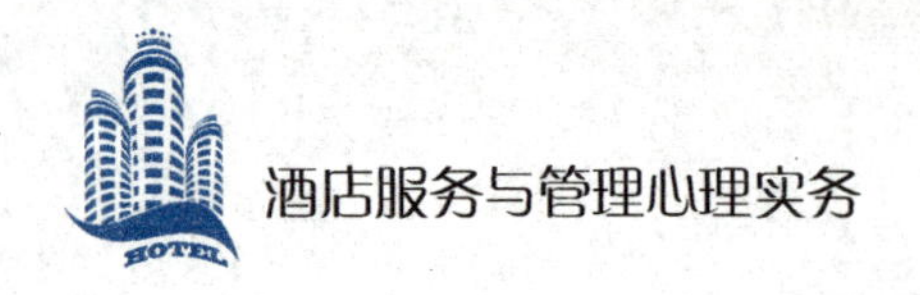

项目六　员工心理的调节与保健

一、员工心理健康的标准

酒店是典型的服务性行业，其服务的特殊性决定了员工必须以健康的状态面对顾客。这里所说的健康不仅指员工身体的健康，更重要的是心理健康。参照心理学家提出的心理健康的一般标准，结合酒店企业员工的心理特征以及特定的社会角色，酒店员工的心理健康标准可以概括为以下五个方面。

（一）正确认识自己，并愉快地接纳自己

一个心理健康的员工应该能够体验到自己的存在价值，既能比较清晰地了解自己又能愉快地接受自己，对自己的能力、性格和特点能作出恰当的评价，并努力发展自身的技能。

（二）能较好地适应现实环境

心理健康的人能够面对现实、接受现实，并能主动地适应现实、改造现实，对周围事物和环境能进行客观认识和评价，并能与现实环境保持良好的接触，对生活和工作中的各种困难和挑战都能妥善处理。

（三）和谐的人际关系

心理健康的员工乐于与人交往，能够认可别人存在的重要性，能和大多数人建立良好的人际关系，重视友谊，也不拒绝别人的关心与帮助；与人相处时积极态度多于消极态度；在新的环境中能够很快适应，与他人打成一片。

（四）能控制情绪、心境良好

心理健康的人愉快、乐观、开朗、满意等积极情绪状态总是占优势，虽然也会有悲、愁、怒等消极情绪体验，但一般不会持续长久。他能适当表达和控制自己的情绪，喜不狂，忧不绝，胜不骄，败不馁，谦逊不卑，自尊自重，在社会交往中既不狂妄也不畏缩，对于无法得到的东西不过于贪求，争取在社会规范允许范畴内满足自己的各种需

求，对于自己能得到的一切感到满意。

（五）合理的行为

心理健康的员工，会随时纠正自己的理念和行为，使其行为合情合理。其行为方式与年龄特征基本一致，行为方式符合社会角色和社会规范。

二、员工心理健康的自我调节

（一）了解并接纳自己

其实，人最不了解的往往是自己。随着年龄的增长，人越来越成熟，个人对自己不但要充分了解，而且还要坦然地承认并欣然地接受自己，不要欺骗自己，更不要拒绝或憎恨自己。有些人觉得怀才不遇，因而愤世嫉俗，甚至狂妄自大，都是由于不能充分了解自己造成的。有些人过分自卑，自觉在团体中毫无价值，又多是不能接纳自己造成的。了解并愉快地接纳自己是员工建立自信的必要条件，也是事业发展的前提和基础。

（二）积极参与社会活动

凡是心理失衡者，多半是与别人失去和谐的关系，因而在行为上多表现为退缩，甚至对人表现出仇视、怀疑、畏惧、憎恨等态度。因此，从预防的角度看，主动参与社会活动，并与人建立良好的人际关系，是维护心理健康的最好方法之一。在酒店应该积极地参加各种员工活动，如集体生日会、员工运动会、员工聚餐、各种文艺晚会等，在集体活动中获得更多的集体温暖和归属感，获得更多的社会支持。

（三）正视心理问题

人们容易一谈论心理问题或心理疾病就紧张、恐慌，讳莫如深。其实，从心理健康的角度看，社会上很少有人绝对的健康，多多少少都会有心理问题。一旦发现有心理问题或心理疾病，我们只要重视它，正视它，并进行科学的治疗就行了。心理问题和心理疾病也是可以预防的，掌握一些心理疾病预防的方法也很有必要。

（四）采用正当的心理防卫机制

在前面的篇幅里我们已经学习了心理防卫机制的知识，在生活中和工作中我们

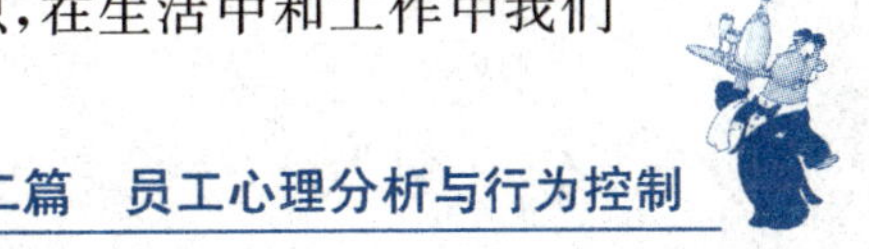

要自觉地合理地运用心理防卫机制，维护心理健康。

三、酒店对员工心理健康的保护

（一）转变观念

转变观念是酒店应对员工压力和心理问题的第一关。要站在组织层面上来理解员工的心理和个人问题，要充分认识到这些问题对酒店工作的影响，把员工的心理和个人问题当成是酒店自身的问题，看成是酒店管理的必要组成部分。

（二）加大培训力度，增强情感管理

我们经常提及“以人为本”，酒店最重要的资源就是员工，我们要真正把员工当作家人一样给予重视。实行情感管理，就是要认识人的情感规律，注重人的内心世界，实行人性化的管理，其核心是激发员工的积极性，消除其消极情绪。管理者要尊重员工，对员工持宽容的态度，真正做到以人为本，充分考虑并满足员工的合理需求。尽量采取自我激励机制管理员工，发挥员工的主动性和能动性，使他们能轻松愉快地工作，减轻他们的心理负担。

（三）进行职业心理健康评估

通过问卷、访谈、座谈会等形式对员工进行职业心理健康状况调查，了解员工的压力、人际关系、工作满意度等，并聘请心理专家对员工的心理健康状况进行评估，分析员工心理问题产生的原因。

（四）加强职业心理健康宣传和疏导工作

利用宣传画、健康知识讲座等方式进行职业健康宣传和教育，使员工增强对心理问题的关注意识，增进员工对心理健康知识的了解，树立对心理健康的正确认识，并知道什么时候需要心理专家的帮助，通过哪些渠道可以得到专家的帮助。同时，还要加强对主管人员的培训，促进他们了解心理问题的表现形式，掌握心理管理的技术，提高员工沟通、员工冲突管理等方面的能力，在员工出现心理问题时能够科学、及时进行缓解和疏导。在企业内还可以成立相关的心理咨询与辅导机构，为员工提供舒缓压力、发泄不良情绪的场所，给予他们足够的心理支持。

（五）重视人际沟通

有效的人际沟通是释放和缓解压力、增强自信心、营造良好人际关系、提高团队凝聚力的一条重要途径。加强内部有效沟通，能为员工创造轻松开放的工作环境。要实现良好的沟通效果，酒店要做好两方面的工作：一是通过专门培训提高管理者和员工的沟通能力和技巧；二是完善酒店内部的沟通机制。良好的沟通机制应该是多角度、双向的、多级的，形成管理层与部门领导、部门领导与普通员工、管理层与普通员工、普通员工之间的多层次交流对话机制，保持沟通渠道畅通。

学习评价

项目名称	评 价 要 求	满分	小组评分	老师评分
考勤及仪容仪表	按时签到，仪容仪表符合规范	10		
员工的心理素质要求	小组认真讨论，准确分析员工的心理素质，能提出提高员工心理素质水平的可行方法	20		
员工沟通与人际关系调节	积极参与小组讨论，认真记录讨论内容，模拟训练成绩显著	25		
员工压力与疲劳应对	认真分析员工的压力与疲劳，从员工的角度思考，归纳出应对压力与疲劳的方法	20		
员工常见心理问题及应对	仔细查找资料，完成教材中的作业，能较准确地理解情绪心理问题，叙述相关认知内容	25		
总分		100		
评价人：			学员：	

学习拓展

拓展一 每位同学对自己的气质类型进行测试，根据测试结果分析自己更适合哪些岗位的工作。

下面是一份由心理学家陈会昌编制的在我国比较流行的气质测试问卷。

指导语：

下面60道题可以帮助你大致了解自己的气质类型。在回答这些问题时，要实事

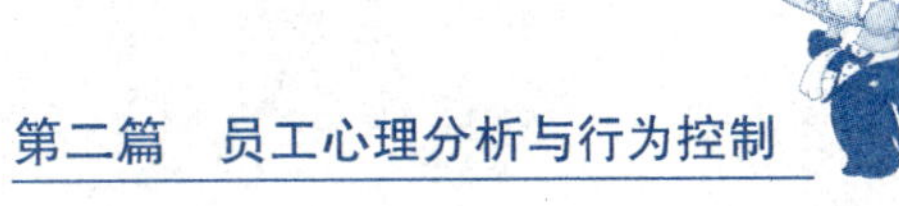

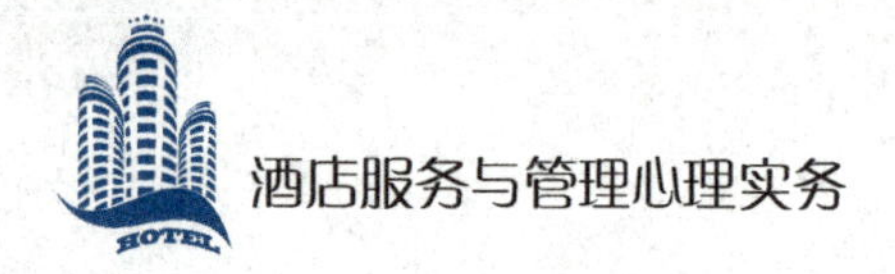

求是,怎样做就怎样评分。看清题目后,你认为很符合自己情况的记 2 分;比较符合的记 1 分;介于符合与不符合之间的记 0 分;比较不符合的记—1 分;完全不符合的记—2 分。

测试题:

1. 做事力求稳妥,不做无把握的事。
2. 小时候会背的诗歌,我似乎比别人记得清楚。
3. 和周围人们的关系总是相处不好。
4. 工作学习时间长了,常感到厌倦。
5. 学习、工作同样长时间,常比别人更疲倦。
6. 情绪高昂时,觉得干什么都有趣;情绪低落时,又觉得什么都没有意思。
7. 不能很快地把注意力从一件事转移到另一件事上去。
8. 对工作有认真严谨、始终一贯的态度。
9. 碰到危险情景,常有一种极度恐怖感。
10. 理解问题常比别人慢些。
11. 兴奋的事常使我失眠。
12. 能够同时注意几件事物。
13. 遇到问题常常举棋不定,优柔寡断。
14. 讨厌做那种需要耐心、细致的工作。
15. 别人说我“出语伤人”,可我并不觉得是这样。
16. 厌恶那些强烈的刺激,如尖叫、噪音、危险镜头等。
17. 能够很快地忘记那些不愉快的事情。
18. 能够长时间做枯燥、单调的工作。
19. 遇到令人气愤的事,能很好地自我克制。
20. 做事总是有旺盛的精力。
21. 当注意力集中于一事物时,别的事很难使我分心。
22. 做事有些莽撞,常常不考虑后果。
23. 喜欢复习学过的知识,重复做已经掌握的工作。
24. 对学习、工作、事业怀有很高的热情。
25. 疲倦时只要短暂的休息就能精神抖擞,重新投入工作。
26. 喜欢有条理而不甚麻烦的工作。
27. 羡慕那种善于克制自己感情的人。
28. 一点小事就能引起情绪波动。

29. 认为墨守成规比冒风险强些。

30. 爱看情节起伏跌宕、激动人心的小说。

31. 理解问题总比别人快。

32. 到一个新环境很快就能适应。

33. 碰到陌生人觉得很拘束。

34. 在人群中从不觉得过分拘束。

35. 在多数情况下情绪是乐观的。

36. 爱看感情细腻，描写人物内心活动的文学作品。

37. 和人争吵时，总是先发制人，喜欢挑衅。

38. 老师讲新概念，常常听不懂，但弄懂以后就很难忘记。

39. 认准一个目标就希望尽快实现，不达目的，誓不罢休。

40. 假如工作枯燥无味，马上就会情绪低落。

41. 做作业或完成一件工作总比别人花的时间多。

42. 遇到可气的事就怒不可遏，想把心里话全说出来才痛快。

43. 与人交往不卑不亢。

44. 当我烦闷的时候，别人很难使我高兴起来。

45. 在体育活动中，常因反应慢而落后。

46. 喜欢运动量大的剧烈体育活动，或参加各种文艺活动。

47. 符合兴趣的事情，干起来劲头十足，否则就不想干。

48. 别人说我总是闷闷不乐。

49. 喜欢参加热烈的活动。

50. 心里有话宁愿自己想，不愿说出来。

51. 接受一个任务后，就希望把它迅速解决。

52. 善于和人交往。

53. 反应敏捷，头脑机智。

54. 宁愿侃侃而谈，不愿窃窃私语。

55. 喜欢安静的环境。

56. 老师或师傅讲授新知识、新技术时，总希望他讲慢些，多重复几遍。

57. 宁肯一个人干事，不愿很多人在一起。

58. 生活有规律，很少违反作息制度。

59. 不喜欢长时间谈论一个问题，愿意实际动手干。

60. 希望做变化大、花样多的工作。

确定气质类型的方法：

（1）将每题得分记入下表相应的分数栏内。

（2）计算每种气质类型的总分数。

胆汁质	题号	2 6 9 14 17 21 27 31 36 38 42 48 50 54 58	总分
	得分		
多血质	题号	4 8 11 16 19 23 25 29 34 40 44 46 52 56 60	总分
	得分		
黏液质	题号	1 7 10 13 18 22 26 30 33 39 43 45 49 55 57	总分
	得分		
抑郁质	题号	3 5 12 15 20 24 28 32 35 37 41 47 51 53 59	总分
	得分		

（3）确定气质类型。

如果某类气质得分明显高出其他三种，均高出4分以上，则可定为该类气质。此外，如果该类气质得分超过20分，则为典型型；如果该类得分在10～20分，则为一般型。

如果两种气质类型得分接近，其差异低于3分，而且又明显高于其他两种，高出4分以上，则可定为两种气质类型的混合型。

如果三种气质得分均明显高于第四种，而且这三种的得分接近，则为三种气质的混合型。

拓展二 每位同学可以做一做以下测试题，以检测自己的心理健康状况。

大学生心理健康测试

对以下40道题，如果感到"常常是"，划√号；"偶尔"是，划△号；"完全没有"，划×号。

1. 平时不知为什么总觉得心慌意乱，坐立不安。
2. 上床后，怎么也睡不着，即使睡着也容易惊醒。
3. 经常做噩梦，惊恐不安，早晨醒来就感到倦怠无力、焦虑烦躁。
4. 经常早醒1～2小时，醒后很难再入睡。
5. 学习的压力常使自己感到非常烦躁，讨厌学习。
6. 读书看报甚至在课堂上也不能专心一致，往往自己也搞不清在想什么。
7. 遇到不称心的事情便较长时间地沉默少言。

8. 感到很多事情不称心，无端发火。

9. 哪怕是一件小事情，也总是很放不开，整日思索。

10. 感到现实生活中没有什么事情能引起自己的乐趣，郁郁寡欢。

11. 老师讲概念，常常听不懂，有时懂得快忘得也快。

12. 遇到问题常常举棋不定，迟疑再三。

13. 经常与人争吵发火，过后又后悔不已。

14. 经常追悔自己做过的事，有负疚感。

15. 一遇到考试，即使有准备也紧张焦虑。

16. 一遇挫折，便心灰意冷，丧失信心。

17. 非常害怕失败，行动前总是提心吊胆，畏首畏尾。

18. 感情脆弱，稍不顺心，就暗自流泪。

19. 自己瞧不起自己，觉得别人总在嘲笑自己。

20. 喜欢跟自己年幼或能力不如自己的人一起玩或比赛。

21. 感到没有人理解自己，烦闷时别人很难使自己高兴。

22. 发现别人在窃窃私语，便怀疑是在背后议论自己。

23. 对别人取得的成绩和荣誉常常表示怀疑，甚至嫉妒。

24. 缺乏安全感，总觉得别人要加害自己。

25. 参加春游等集体活动时，总有孤独感。

26. 害怕见陌生人，人多时说话就脸红。

27. 在黑夜行走或独自在家有恐惧感。

28. 一旦离开父母，心里就不踏实。

29. 经常怀疑自己接触的东西不干净，反复洗手或换衣服，对清洁极端注意。

30. 担心是否锁门和可能着火，反复检查，经常躺在床上又起来确认，或刚一出门又返回检查。

31. 站在经常有人自杀的场所、悬崖边、大厦顶、阳台上，有摇摇晃晃要跳下去的感觉。

32. 对他人的疾病非常敏感，经常打听，生怕自己也身患同病。

33. 对特定的事物、交通工具(电车、公共汽车等)、尖状物及白色墙壁等稍微奇怪的东西有恐怖倾向。

34. 经常怀疑自己发育不良。

35. 一旦与异性接触往往就脸红心慌或想入非非。

36. 对某个异性伙伴的每一个细微行为都很注意。

37. 怀疑自己患了癌症等严重不治之症，反复看医书或去医院检查。

38. 经常无端头痛，并依赖止痛或镇静药。

39. 经常有离家出走或脱离集体的想法。

40. 感到内心痛苦无法解脱，只能自伤或自杀。

测评方法：√得 2 分，△得 1 分，×得 0 分。

评价参考：

(1) 0～8 分，心理非常健康，请你放心。

(2) 9～16 分，大致属于健康的范围，但应有所注意，也可以找老师或同学聊聊。

(3) 17～30 分，你在心理方面有了一些障碍，应采取适当的方法进行调适，或找心理辅导老师帮助你。

(4) 31～40 分，是黄牌警告，有可能患了某些心理疾病，应找专门的心理医生进行检查治疗。

(5) 41 分以上，有较严重的心理障碍，应及时找专门的心理医生治疗。

第三篇 团队心理分析与员工管理

学习基础

本篇学习任务的完成要求学生具备一定的酒店人力资源管理基础知识和意识，有较强的观察能力、判断能力和思辨能力，熟练的前厅、客房、餐饮、康乐等服务技能和运行管理理念，良好的人际沟通能力，具备较强的职业意识、集体认同感和敬业精神。

学习目标

(1) 认知团队的概念，并了解团队在酒店经营管理中的作用。

(2) 分析团队管理中人际关系的意义，探寻团队良好人际关系建立的途径。

(3) 分析掌握酒店人力资源管理中的员工激励方法，探寻提高员工工作积极性的途径。

(4) 分析酒店领导者的心理，掌握领导者的心理调节的方法。

工作任务

分析团队心理，学会员工管理。

任务说明：首先要求学生认知心理学的基础知识；分析团队以及团队的功能；分析团队管理中的人际关系，学会在酒店员工群体中协调好人际关系，创造一个有效率的工作团队；掌握酒店员工激励方法，提高员工的工作积极性；分析酒店领导者的心理，调整好领导心理，带领员工提高工作绩效。

在学习团队心理与员工管理过程中，要求学生将前面所掌握的酒店服务与运行管理的技能与正在学习的心理学知识相融合，运用所学心理学知识解决酒店服务与

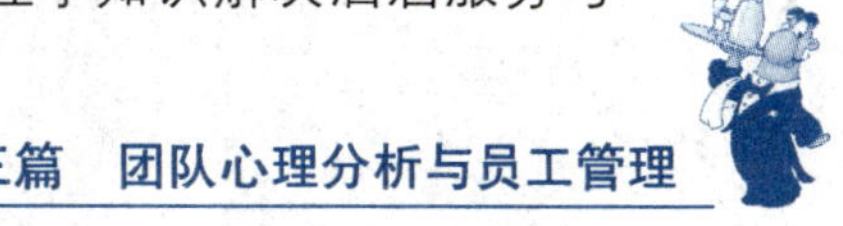

管理的实际问题；同时还要求学生充分认识到酒店员工群体心理健康的重要性，并学会在团队管理中扮演好自己的角色。

(1) 了解任务内容。

(2) 根据工作任务内容制定工作计划。

(3) 实施计划，进行操作过程记录。

(4) 学生分组评价自己和其他组的优缺点。

(5) 老师讲评工作过程的不足之处和注意事项。

项目一　团队及其功能分析

案例3-1

酒店停业了

崔先生在国内一所知名大学学习了旅游管理本科，之后去了国外学习酒店管理硕士两年，学成回国后接管了家里的酒店，成为酒店的总经理。他工作非常努力，对员工也要求严格，特别是对一些没有学历的老员工常常用刻薄的语言批评，对基层员工不屑一顾，造成员工的工作积极性大减，客人投诉率也居高不下。两年后该酒店无法经营下去了，只好停业。

思考：崔先生是学习酒店管理的专业人士，为什么不能管理好一家酒店？团队建设与酒店发展之间有什么关系？

一、团队的含义

团队是指为了共同的目标结合在一起的人群，他们彼此之间存在相互作用，心理上有相互依存关系和情感联系。团队的特点主要体现在以下四点。

（1）以目标为导向。

（2）以协作为基础。

（3）需要共同的规范和方法。

（4）成员在技术或技能上形成互补。

思考：根据以上团队的定义，请你举例说说社会生活中有哪些具体的团队？

二、团队的构成要素

团队有五个重要的构成要素，总结为5P。

（一）目标

团队应该有一个既定的目标（purpose），为团队成员导航，知道要向何处去，没有目标这个团队就没有存在的价值。团队的目标必须和组织的目标一致，此外还可以把大目标分成小目标具体落实到各个团队成员身上，大家合力实现这个共同的目标。同时，目标还应该有效地向大众传播，让团队内外的成员都知道这些目标，有时甚至可以把目标贴在团队成员的办公桌上、会议室里，以此激励所有的人为这个目标去工作。

（二）人员

人（people）是构成团队最核心的力量，2个（包含2个）以上的人就可以构成团队。目标是通过人员具体实现的，所以人员的选择是团队中非常重要的一个部分。在一个团队中可能需要有人出主意，有人定计划，有人实施，有人协调不同的人一起去工作，还有人去监督团队工作的进展，评价团队最终的贡献。不同的人通过分工来共同完成团队的目标，在人员选择方面要考虑人员的能力如何，技能是否互补，人员的经验如何。

（三）定位

定位（place）包含两层意思：一是团队的定位，即团队在企业中处于什么位置，由谁选择和决定团队的成员，团队最终应对谁负责，团队采取什么方式激励下属；二是个体的定位，即作为成员在团队中扮演什么角色，是制订计划还是具体实施或评估。

（四）权限

团队当中领导人的权限(power)大小跟团队的发展阶段相关，一般来说，团队越成熟，领导者所拥有的权力相应越小，在团队发展的初期阶段领导权是相对比较集中的。团队权限关系的两个方面：一是整个团队在组织中拥有什么样的决定权，比如财务决定权、人事决定权、信息决定权等；二是组织的基本特征，比方说组织的规模多大，团队的数量是否足够多，组织对于团队的授权有多大，它的业务是什么类型。

（五）计划

计划(plan)有两个层面的含义：一是目标最终的实现，需要一系列具体的行动方案，可以把计划理解成目标的具体工作的程序；二是提前按计划进行可以保证团队的顺利进度。只有在计划的操作下团队才会一步一步地贴近目标，从而最终实现目标。

三、团队的功能

（一）社会功能

团队是社会存在的基本单位，它在实现社会组织目标、完成社会各项任务、维护社会秩序、促进社会发展等方面都发挥着重要的作用。美国社会学家帕森斯曾提出团队具有以下四项社会功能。

(1) 适应环境，即团队与外界进行资源交流，并且保持与外界的平衡。

(2) 实现目标，即确定团队的目标，并使团队成员为达到目标而一致努力。

(3) 统一内部，即调整团队成员之间的关系，制定规范，使团队组织成为一个整体。

(4) 维持价值，即团队往往形成一种潜在的价值形式，给成员的行为以动机和活力。

（二）个人功能

团队是个人活动的基本单位，它能全面满足人的各种需要，并且对人的社会化发挥重要作用。

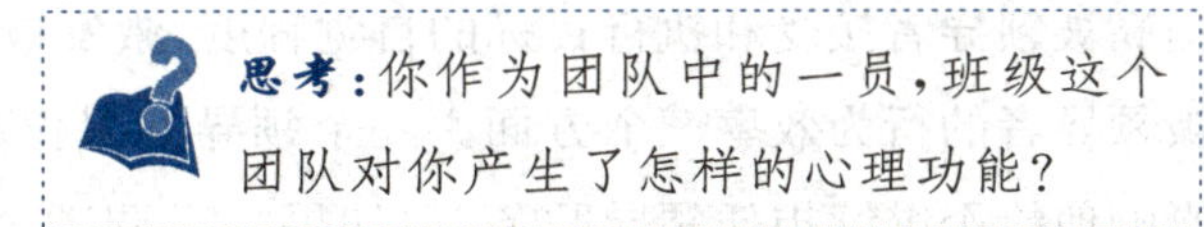

项目二　领导心理分析

一　领导者及其功能

领导者是指在正式的社会组织中经合法途径被任用而担任一定领导职务、履行特定领导职能、掌握一定权力、肩负某种领导责任的个人和集体。

领导者在组织或团队中，能够把其他成员吸引到自己周围，是别人所追随的对象；领导者致力于向下属施加影响，将他们按照适当的方式组织起来，朝着既定的方向努力。领导者所以能够实施领导，其领导基础是权威。领导者正是靠着自己所拥有的这种权威来控制和指挥别人的。因此，一个正确、有效的领导者必须同时集工作领袖和情绪领袖两种角色于一身，充分发挥指挥和协调作用。领导者的功能主要归纳如下三点。

（一）组织功能

组织功能是指领导者领导群体成员采取一定的手段实现组织目标。它包括确立组织目标而作出的决策；提高管理有效性的水平；合理组织、利用资源，保证组织目标的实现。

（二）控制功能

控制功能是指在领导过程中，领导者对于员工以及整个组织活动的驾驭和支配的功能。在实现组织目标的过程中，偏差是不可避免的，这种偏差的发生源自于不可预见的外部因素影响，也可能源自于内部不合理的组织结构、规章制度、不合格管理人员的影响。纠正偏差、消除造成偏差的各种因素是领导的基本功能。

（三）激励功能

激励功能是领导的基本功能，也是实现领导组织功能必须具备的条件。它包括

提高被领导者接受和执行目标的自觉程度、激发被领导者实现组织目标的热情、提高被领导者的行为效率三个方面。一个领导如果仅缺乏技术性知识和能力，尚不足以影响他能否继续担任领导职务，但如果缺乏调动全体员工的聪明才智来实现领导组织功能的激励手段，就不能实现企业的组织目标，不能胜任领导岗位了，因为激励功能必须由领导者自身来完成，不能借助别人的能力来实现。

二、领导者的基本任务

领导者是管理的主体，其工作绩效的好坏，直接关系到目标管理的成败。概括起来，各级领导者的主要任务包括以下五个方面。

（一）把握目标方向

目标一经确定，就成为组织和协调一切管理活动的依据。组织目标决定着一个单位各项工作的方向，规定着各部门的基本任务和预期成果，制约着全体人员的行动。因此，必须保证目标方向的正确。如果目标方向有错误，使的劲越大，管理绩效就会越差。领导者要把握住目标的方向，首先应明确上级的要求，从全局出发，使本单位目标成为保证上级目标实现的有效措施；其次，要使目标体现本单位的基本任务；再次，要在确定长期战略目标的前提下，制定分期目标，不能走一步，看一步，或只靠上级的指令办事。

（二）落实目标责任

只有将目标分解并落实到岗位、个人，才能保证整体目标的实现。要根据每个人担负目标责任的大小，授予相应的权力，使其权责相应，有职有权，以利于目标的实现。

（三）调动部属的积极性

充分调动部属的积极性、创造性，是提高管理绩效的根本途径。领导者的责任就在于用好、做好人的工作，采取有效的激励措施，开发、培养和提高部属的能力。在目标管理中，如果部属的才干得不到充分发挥，能力得不到很快提高，领导者的目标也是难以实现的。

（四）搞好协调、控制

目标管理强调自主管理和自我控制，但领导者绝不能放弃检查、指导的责任。

因此，当责任落实以后，领导者要深入下去，调查研究，掌握目标实施进度。发现了问题，或提醒目标责任者自行纠正，或直接干预，采取纠正措施。领导者还要组织好那些互有目标关联的部门或个人之间展开协作，使各个环节上的目标都能均衡地发展。

（五）处理好突发事项

企业推行目标管理过程中，会有不少随机性工作或例外事项，环境干扰也较大。领导者要认真处理好这些工作和目标之间的关系，及时调配人力、物力等资源，必要时修正原定目标，积极排除环境干扰。这样才能使目标管理顺利进行。

三、领导者的基本素质要求

（一）政治、道德素质要求

领导者要有较高的政治理念水平，有良好的整体意识，大局意识，政治上要成熟；要有敬业精神，知法守法，公正廉洁；工作作风民主，善于合作，知人善用，为员工所敬佩。

（二）能力素质要求

领导者要有创新能力、决策能力、组织指挥能力、应变能力等。

（三）心理素质要求

1. 良好的认知品质

注意力集中、观察能力强、记忆力强、想象丰富、富有创新思维等。思维品质对领导者来说至关重要。

2. 情绪乐观而稳定

乐观而稳定的情绪有利于有效应对各类事件，通过控制自身的情绪有效控制整个管理局面。

3. 坚强的意志水平

在企业运营过程中，各项工作往往不是一帆风顺的，尤其是在市场经济条件下，市场变幻莫测，领导者随时都可能遇上各种新情况、新问题，面临各类困难与挑战，甚至是危机。这就要求领导在下属和困难面前，必须意志坚强、坚忍不拔，方能力挽狂

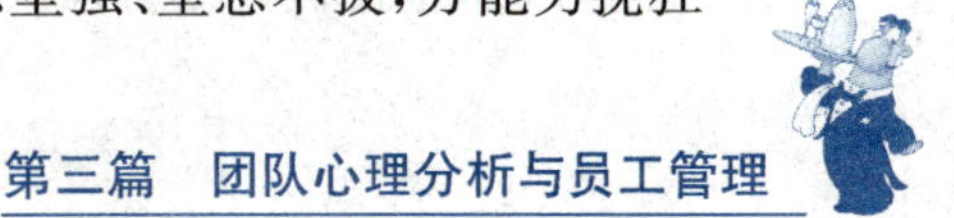

澜，迈向成功。

4. 开拓创新和积极进取的事业心

领导者能否在激烈的市场竞争中打破陈规旧俗，快速适应新情况，解决新问题，是决定领导者能否客观有效地进行领导的一个重要问题。

5. 严于律己、宽以待人

作为企业的领导者，对自己严格要求，以身作则，以身示范，将对企业管理起到一种无形的作用。同时，作为一个有效的领导者，还必须要有宽广的胸怀，真心诚意，宽以待人，才能增强企业员工的凝聚力。

6. 良好的学习能力和适应能力

现代企业的领导者有了良好的学习能力和适应能力才能胜任不断变化的市场。

作业3-1：

根据所学过的知识和管理理念，你认为酒店领班及主管层级的领导应该具备怎样的心理素质和能力？

四、领导者常见的心理问题

领导者的心理障碍指的是在领导活动中，领导者所表现出来的不良心理状态。这种心理状态对其自身的心理健康以及领导工作有许多消极影响。因此，分析领导者的心理障碍，加强领导者心理素质锻炼，使其心理状态与客观环境达到平衡，具有十分重要的意义。

在实际工作中，常见的领导心理障碍有以下六种。

（一）权力欲

领导者在组织内担任一定的职务，掌握一定的权力。这种组织赋予的权力，本应是领导者履行岗位职责、实现组织目标的手段，但由于个人素质和思想认识水平的差异，一些领导者对权力的认识发生了偏移，在一定程度上出现了心理障碍。产生这种心理障碍除了领导者个人的素质外，还受到传统观念和长期封建专制及家长制的不良影响。有的领导者以强权为核心原则考虑问题，恣意实施所谓“权力性影响”，依仗强权手段，迫使被领导者以奴仆的身份屈服于自己，绝对服从自己的个人意志。有的领导者以自我为中心，把自己凌驾于被领导者之上，头脑中充满等级观念、尊卑意识。在领导活动中，虽然不依仗强权手段，但强调权力的主体作用，一意孤行实施其领导行为。一旦取得领导绩效，便过分夸大领导者的作用，始终有一种居高临下、甚至是“救世主”的心态。有的领导对其所作的决定和决策，只愿听赞同意见，不愿听反对意见，不愿意“纳谏”等。这种心态严重影响了领导者的心理健康，人为地造成精神压力和心理负担，这对领导者的心智发展是极为不利的。

（二）嫉妒

嫉妒是一种消极的、有害的心理。嫉妒的行为特征主要表现在：喜欢自我表现，什么都想抢先别人；凡事以我为中心，从自身利益出发，对他人缺乏理解与认同，缺乏善意和理解；富于攻击性，揽功推过；缺乏自信又惴惴不安，对竞争者虎视眈眈；貌似和蔼亲切，其实冷酷无情，等等。

领导者的嫉妒大多是由于社会对自身的评价产生的，嫉妒的中心往往是对方的地位、名誉、权力和业绩。从积极的方面说，嫉妒可以成为竞争的动力和源泉，但其消极影响远远大于积极影响。嫉妒往往使领导者变得偏激，带来一定程度的心理紧张和攻击性意向，甚至做出违反道德准则和法律法规的事情。

消除嫉妒的理想方法，首先是树立靠自己的努力去超过对手的思想，要把不服输落实在行动上，而不要停留在口头上。其次，要有达观、平稳的心态，客观公正地评价客观环境，审视事态的发展，对于自身的能力和他人的能力，要有一个比较客观的分析和判断。再次，要理智地剖析、认识嫉妒。领导者只要深入地思考一下就会明白，如果固执己见，抱着嫉妒不放，就会失掉更有价值的东西。

（三）多疑

多疑的人在心理上总是处于不安全、痛苦的猜测状态中。这种不正常心理反应往往是由于人们对客观环境或他人的主观判断失误，而又没有认识到这种失误所引起的心理上的失控。比如，有的领导者会因为某一次遭受上级的批评而怀疑上级不信任自己，也会因为由于自己的突然到来终止了他人的谈话而怀疑别人正在议论自己，有时甚至怀疑自己的下属对自己是否忠诚，等等。这种不健康的心理状态如果不加以矫正，就会逐渐发展成为一种病态。而且，多疑会破坏组织内部的团结，造成人与人之间互相不信任，工作中不能密切配合，故意给对方出难题。这种风气一旦在组织内部蔓延开来，就会严重破坏组织的凝聚力，消耗士气，造成人心涣散、身心疲惫的局面，对实现组织目标，提高领导绩效极为不利。

（四）焦虑

焦虑是一种消极的情绪反应，是个体对环境即将出现的变故或者需要做出的努力，在主观上引起紧张和不愉快的期待情绪，包括自尊心的损伤，自信心的丧失，失落感和内疚感，以及相互交织的不安、忧虑甚至惊恐等情绪状态。对于领导者来说，产生焦虑的原因是多种多样的，青年领导者可能会由于工作压力过重，人际关系复杂，成就需要不能及时满足，以及担心不慎会失去领导职位等产生焦虑；中年领导者可能会因为长期不能打开工作局面，工作进展不大，工作上看不到奔头，生活压力比较大等原因造成情绪焦虑；老年领导者则可能会由于即将离开自己工作多年的岗位，既留恋原有的工作，又担心退休之后自己的社会地位和生活待遇等各方面受到影响而焦虑。与焦虑相伴的往往是烦躁不安，情绪波动。领导者的焦虑情绪使其不能够冷静地思考和处理问题，丧失积极的进取精神，同时还会损伤领导者的自信心，使领导者对工作和生活缺乏热情，因而在一定程度上影响到被领导者积极性的发挥。

（五）虚荣

虚荣是由于自尊心失调所造成。领导者的虚荣主要表现为：自我炫耀，文过饰非，弄虚作假，对表扬沾沾自喜，对批评耿耿于怀，干工作讲门面、讲排场、不务实。虚荣心是对自尊心的曲解，其产生的思想基础是对荣誉和获得荣誉的手段的不正确认识。领导者的虚荣心不仅会使领导者个人陷入荣誉的漩涡不能自拔，迷失自己应该追求的正确目标，而且会给领导工作和人民利益造成一定的损失。

（六）麻木或冷漠

麻木或冷漠是个体对挫折的消极反应，是对挫折环境的一种自我保护性或防御性反应。麻木或冷漠是一种综合性的心理障碍。它包括缺乏积极的认识动机，活动意向减退，情感冷漠，情绪低落，意志衰退，思维不活跃等等。这种消极反应出现在领导者，就会表现出缺乏进取精神，思想容易僵化保守等特征。领导者克服麻木、冷漠心理障碍的最好办法就是从组织成员中汲取智慧，增强战胜挫折和困难的勇气。

作业3-2：

通过讨论学校班级里的领导在班级管理中存在的心理问题，进一步讨论：在酒店实际工作中，常见的领班及主管层级的领导者心理问题有哪些？

项目三　团队建设与管理

一、团队建设

（一）团队建设的含义

团队建设是企业在管理中有计划、有目的、有步骤地对其成员进行训练、总结、提高的活动。酒店通过团队建设可以迅速而有效地解决一些新出现的问题，推行一些新的工作方法，增加组织的凝聚力，提高团队成员的整体素质。团队建设有计划有组织地增强团队成员之间的沟通交流，增进彼此的了解和信任，使成员在工作中分工合作更为默契，对团队目标认同更统一明确，完成团队工作更为高效快捷。

（二）团队建设的基本要求

1. 清晰的团队目标

一个高效的酒店团队必须有一个奋斗目标。团队成员对于其所要达到的目标必须有一个清楚的了解，理解这一目标所包含的重大意义以及对于团队和个人的价值。团队成员要把个人目标与团队目标紧密结合在一起，在追求个人目标的同时最大限度地实现团队目标。在有效的团队中，成员愿意为团队目标做出承诺，并付之于行动。

2. 共同的信念

高效的酒店团队成员会对团队表现出高度的忠诚，抱有坚定的信念。为使群体获得成功，他们愿意尽最大努力完成工作。这种共同的信念使团队具有极强凝聚力。一个成功团队的每位成员对其团队都怀有强烈的认同感，他们把自己属于该群体的身份看作是自我的一个重要方面。共同的信念能够调动和发挥团队成员的最大潜能。

3. 良好的沟通

一个高效的酒店团队必不可少的特点之一就是良好的沟通。通过交流信息、看法和经验，能够促进成员的共同进步。此外，管理层与团队成员之间建立良好的信息反馈渠道也是良好沟通的重要特征，它有助于管理者指导团队成员的行动，消除误

解，而团队中的成员也能迅速、准确地了解彼此的想法和意见。

4. 成员之间的信任

酒店团队成员之间的相互信任是有效团队的必要条件和显著特征，团队中只有每个成员对其他人的品德和能力都确信无疑，团队才有可能协同发挥作用。但是，在日常工作中人们都意识到，人与人之间的信任是很微妙且脆弱的，它需要花费大量的时间去培养。每个人只有学会信任他人才能换来他人的信任，不信任只能导致隔阂。所以，团队的成员必须相互信任，否则很难发挥团队的作用。

5. 必要的相关技能

一个高素质的团队是由一群有能力的成员组成的。他们具备实现团队目标所需的技能和素质，相互之间能够很好合作，从而出色完成任务。同时，他们还应具备调整技能，应随着团队环境的变换而不断进行自我调整，以适应团队工作的需要。

6. 团队领导者的领导能力

任何一个团队都需要一个强有力的领导者带领团队开展活动。在一个高效运转的团队中，领导者的作用是至关重要的。有效的领导者能够带领团队成员共同渡过艰难的时期，为团队指明发展方向，向成员阐明变革的可能性，鼓舞团队成员的自信心，帮助他们更充分地了解自己的潜力。

7. 良好的团队环境

成为高效团队的一个必要条件是它的支持环境。从内部条件来理解，团队应拥有一个合理的基础结构，这包括适当的培训、一套易于理解的用以评估员工总体绩效的测量系统、一个起支持作用的人力资源系统。从外部条件来看，酒店应当具有优秀的文化氛围。如果一个酒店的企业文化是积极上进的，具有开放、包容、团结协作的作风，并且培养员工的参与意识和自主性，其工作成效往往较高。

（三）团队建设的过程

1. 开始阶段

营造良好的环境，创造沟通的机会和场合，使成员感受到乐趣，验证团队建设的可行性，制定目标，选择地点，开展培训。

2. 困惑阶段

鼓励沟通和架设交流的桥梁，发现冲突后予以正确处理，鼓励正确对待失败，建立双向沟通并做到信息共享，鼓励成员介入参与式管理。

3. 成型阶段

加强领导，培养解决问题的能力，并鼓励解决一些实际问题，进行有效的自我指导，培养个人的新技能，促使成员间进一步了解。

4. 行动阶段

明确团队目标，强调团队协作，召开研讨会议，培训人际沟通技巧，注重合作。

5. 团队阶段

建立“自我指导工作小组”，鼓励建立相互信任的人际关系，鼓励员工发展与外界的关系，利用外部信息支持团队建立有效的工作制度，培养奉献精神。

团队管理

（一）团队管理的含义

团队管理指在一个组织中，依成员工作性质、能力组成各种小组，参与组织各项决定和解决问题等事务，以提高组织生产力和达成组织目标。

组织若能善用团队管理，对于激发成员潜能、协助问题解决、增进成员组织认同、提升组织效率与效能，具有一定的功能。

（二）团队管理的基本要素

1. 目标一致

目标是团队的前提，没有目标就称不上团队，因为先有了目标才会有团队。有了团队目标只是团队目标管理的第一步，更重要的是第二步即统一团队的目标，就是要让团队的每个人都认同团队的目标，并为达成目标而努力工作。

2. 统一思想

如果团队的思想不统一，你说东他说西，就像人在做思想斗争时会降低行动效率一样，团队思想不统一也会降低效率。

3. 激发潜能

管理者要学会尊重部下、热情帮助部下，奉献你的赞美，要主动关心下属的工作和生活。管理者要经常认真倾听部下的意见、想法并善于正面引导，要与下属交朋友。管理者要在明确的目标要求下，让下属有能力与权力去做事并对结果负责。管理者要善于激励，激励就是力量。

4. 树立标杆

一个团队中成员素质、能力参差不齐，管理者不但要帮助能力弱、业绩差的“短板”成员来提升整个团队的业绩，更要注重培养工作业绩、学习意识等各项综合表现突出的下属，把他们树为标杆，在例会中介绍推广他们的优秀业绩和成功经验以带动

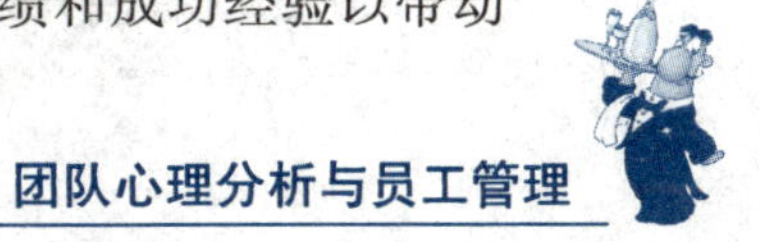

整个团队的士气。

5. 统一行动

一个团队在行动的时候要相互的沟通与协调，让行动统一有序，使整个流程合理衔接，每个细节环环紧扣。

（三）团队管理的方法

1. 明确成员都认同的目标

目标是方向，是团队存在的理由，是高绩效的基础。这个目标有两个层次：一是酒店层面的长远目标，就是所谓的使命和远景；二是短期目标，就是一年、一个月要干什么。有了目标，团队工作也就可以有的放矢。

2. 明确成员都认同的行为方式

行为方式其实就是大家说的"价值观"，就是告诉团队成员在追逐目标过程中必须遵守的"道德规则"。虽然一个团队有了共同的目标，但如果没有高度一致的价值观，那么在实现目标中所采取的行动纲领就不一样，不同价值观的人很难真正在一起共事。价值观不一致，高绩效也就无从谈起。当然，不认同这种准则的，只有请他离队。

3. 明确成员须遵守的"游戏规则"

所谓游戏规则就是明确各成员的"位、责、权、利"。让每个成员都明白自己的岗位是什么，应该承担的责任又是什么，自己的权力有多大，以及如何获取自己应该得的利益。明确游戏规则，其实是科学管理的开始，这样可以避免人浮于事，做事推诿，让每个人都清楚自己在团队中的位置，自己应该为团队做什么。

4. 领导要以身作则

当一个有共同价值观又有明确分工的团队明确了方向后，接下来就是如何开展具体工作。这时，团队的领头人就至关重要，因为"火车跑得快全靠车头带"。所以，领导人必须以身作则，带头遵守游戏规则，成为团队的榜样。

5. 成员要坚决服从和执行

当领导都以身作则后，各成员就必须坚决服从直接上级的指挥和命令。只有这样，才能贯彻团队的意图，形成战斗力。其实，在团队管理上，不同层次有不同的职责，也要求有不同的素质，所以一旦领导作出决策后，下级就必须全力以赴。因为领导是负责决策，而下属是负责执行和操作，如果下属都只从自己角度出发，很容易形成个人本位主义，让整个队伍一盘散沙。

6. 团队横向纵向都要畅快沟通

是人，就有差异，也就少不了摩擦。虽然大家的价值观一致，虽然大家都充满激情，但总会有误解或矛盾的时候。在这种情况下，就必须及时沟通、心平气和地沟通、理性地沟通，在沟通中消除隔阂、消除猜疑。如果有意见一直憋着不说，很容易发酵成为大冲突，影响团结，最后自然会影响绩效。所以，能不能沟通、会不会沟通、敢不敢沟通，是一个团队有没有凝聚力的重要指标。

7. 成员要学会赞美与感恩

有了沟通，只是消除了误解，增进了了解。要让团队更有凝聚力，让自己更能得到伙伴的帮助，就必须学会赞美和感恩。赞美是肯定，是给伙伴的鼓励和支持。感恩也是肯定，是从心底深处对他人的感谢。据资料显示，一个人在没有激励的情况下只能发挥30%的潜能，而一旦得到鼓励，会发挥80%～90%的潜能。所以，真诚的感恩和赞美是一种润滑剂，是一种财富，是一种获取高绩效的促进剂。

8. 创造团队不断学习的好作风

古人说活到老学到老。环境在变，世界在变，一个高绩效的团队也只有不断学习，不断提高自己，才能不断创造高绩效。

（四）培养个人的团队意识

周都饭店的夏令营

周都饭店每年都要举行为期三天的夏令营，全体员工分三批参加夏令营的活动。总裁和总经理等高层换下平日的西装，穿上休闲服，和员工一起在夏令营里登山、钓鱼、游泳。晚餐后他们还要和员工一起唱歌跳舞，表演节目。

夏令营活动的一项极为重要的内容是让员工畅所欲言地来讨论两个问题，其一是如何提升饭店对客人的服务品质，其二是如何提升饭店对员工的服务品质。

该夏令营活动的分批原则是将原有的部门打散，每一批都包括各部门的人员，由工会组织并主持活动，高层管理人员只以员工的身份参与，目的是让大家都能畅所欲言，没有心理压力。

思考：如果你是周都饭店的员工，你在这个团队中会有什么样的感受？

团队意识是指团队成员整体配合的意识，包括明确团队的目标，扮演好在团队中的角色，明晰团队成员的关系，保障团队动作的过程。酒店培养员工的团队意识可以有哪些措施？

1. 培养员工的团队情感

培养员工对团队的认同感和归属感，员工只有对团队有感情，有发自内心的热爱，才可能自觉维护团队的利益，为达成团队共同目标而努力工作。

2. 培养员工的大局观

团队精神不反对个性张扬，但个性必须与团队的行动一致，要有整体意识、全局观念，考虑团队的需要。它要求团队成员互相帮助，互相照顾，互相配合，为集体的目标而共同努力。每位员工都要把自己当作酒店团队一块砖，弄清楚酒店整体利益与个人利益之间的关系，要有远见，要顾全大局。

3. 培养员工的宽容和合作的品质

今天的事业是集体的事业，今天的竞争是集体的竞争，一个人的价值在集体中才能得到体现。21 世纪的失败将不是败于大脑智慧，而是败于人际的交互上，成功的潜在危机是忽视了与人合作或不会与人合作。有的员工，在家里都是被照顾、被包容的珍宝，特别有一些家庭环境比较好有优越感的人或有家庭问题的人对别人缺少信任感，更不容易做到宽容待人和与人合作。实际上，集体中的每个人各有各的长处和缺点，关键是我们以怎样的态度去看待。能够在平常之中发现对方的美，而不是挑对方的毛病，培养自己求同存异的素质，这一点对当代职场人士来说尤其重要。这就需要我们在日常生活中，培养良好的与人相处的心态，并在日常生活中运用。这不仅是培养团队精神的需要，而且也是获得人生快乐的重要品质。

4. 培养员工敬业的品质

几乎所有的团队都要求成员具有敬业的品质。有了敬业精神，才能把团队的事情当成自己的事情，有责任心，发挥自己的聪明才智，为实现团队的目标而努力。要记着个人的命运是与所在的团队、集体联系在一起的。这就要求我们有意识地多参与集体活动，并且想方设法认真完成好个人承担的任务，养成不论学习还是工作都要认真对待的好习惯。

5. 正确对待意见分歧，善于集思广益

团队的领导应该是一个心胸开阔的人，对于不同意见要正确分析，如果对达成团队目标有益，则应真诚听取采纳，如果不利于团队整体利益，也不应该责备打压。发挥集体的智慧，让每位员工都能为团队的发展出谋划策，集思广益。

作业3-3：

根据以上团队管理的基础知识，解决以下酒店管理中的具体问题：

1. 对一个中型酒店而言，一个领班管理多少基层员工合适？一个主管管理多少班组合适？

2. 当班组新进了员工时，作为领班和主管应该如何对待新员工和老员工？

3. 当班组接受了重要接待任务时，领班和主管应该如何管理好班组成员以完成任务？

4. 当酒店淡季而工作较轻松时，领班和主管如何管理好班组成员？

5. 当班组工作出现重大失误而受到高层领导批评时，班组的管理工作又应该如何去做？

项目四　员工激励与管理

激励及其作用

在心理学中，激励是指激发人的动机，使人产生一股朝着期望的目标前进的内在动力，通俗地说，激励就是调动人的积极性的过程。

激励分为物质激励与精神激励，还可以分为内激励与外激励。物质激励是指以物的形式满足人对物质的需求；精神激励是作用于心理方面的，满足人的精神需要。内激励是指由工作任务本身所带来的，如工作进行过程中追求成长、锻炼自己、获得认可、实现自我而获得的满足感。

有效的激励会点燃员工的激情，促使他们的工作动机更加强烈，让他们产生超越自我和他人的欲望，并将潜在的巨大的内驱力释放出来，为企业的远景目标奉献自己的热情。

思考：(1) 在你的学习工作过程中，有哪些受到激励而提高学习或工作效率的事例？
(2) 为什么受到激励就会提高学习、工作效率？

二、酒店工作中的激励因素

(一) 双因素理论

酒店工作过程和工作环境中对激励产生影响的因素，可以用赫茨伯格(Frederick Herzberg)的双因素理论说明。

调查发现，有些工作因素能够引起对工作的满意感，能起激励作用，被称为激励因素。激励因素往往和工作本身及工作内容紧密联系，包括工作富有成就感、工作成绩得到认可、工作本身具有挑战性、需要承担较大的责任、在职业上能得到发展等。这些因素是涉及工作的积极感情，如果得到满足，就能够激发员工更大的工作热情；如果没有得到满足，则会引起"没有满意"，但可以保持正常的工作状态。

另一些因素则只能防止不满意感发生，只能起到保健作用，被称为保健因素。保健因素往往与外部环境、发展机会以及工作以外的其他因素有关，主要包括企业的政策和管理、技术监督、薪水、工作条件以及人际关系等。这些因素涉及工作的消极因素，也与工作的氛围和环境有关。保健因素与积极情感无关，当这些因素得到保障时，它只是消除了不满意，并不会导致积极的态度，这就形成了某种既不是满意、又不是不满意的中性状态；但一旦这些因素不能得到保障时，只能使员工产生"不满意"。

根据赫茨伯格的研究发现，经理人应该认识到保健因素是必需的，不过它一旦使不满意中和以后，就不能产生更积极的效果。只有激励因素才能使人们有更好的工作成绩。

双因素理论促使企业管理人员注意工作内容方面因素的重要性，特别是它们同工作丰富化和工作满足的关系，因此是有积极意义的。赫茨伯格告诉我们，满足各种需要所引起的激励深度和效果是不一样的。物质需求的满足是必要的，没有它会导致不满，但是即使获得满足，它的作用往往是很有限的、不能持久的。要调动人的积极性，不仅要注意物质利益和工作条件等外部因素，更重要的是要注意工作的安排，量才录用，各得其所，注意对人进行精神鼓励，给予表扬和认可，注意给人以成长、发展、晋升的机会。随着温饱问题的解决，这种内在激励的重要性越来越明显。

双因素理论强调，不是所有的需要得到满足都能激励起人的积极性。只有那些被称为激励因素的需要得到满足时，人的积极性才能最大程度地发挥出来。如果缺乏激励因素，并不会引起很大的不满。保健因素的缺乏，将引起很大的不满，然而具备了保健因素时并不一定会激发强烈的动机。赫茨伯格还明确指出，在缺乏保健因素的情况下，激励因素的作用也不大。

讨论：以下所列出的几种因素中哪些是激励因素？哪些是保健因素？

门童冬天穿的保暖制服、行李车、员工晋升前到高校进修、员工从宿舍到酒店的交通车、总经理接待日、员工生日会、工资、餐饮部营业提成。

（二）自我激励理论

一般认为激励员工是酒店管理者的责任，但员工的自我激励也不可缺少，甚至还更为重要和有效。在不同的工作环境中，员工的需要与激励因素也不一样。

X-Y 理论（Theory X-Theory Y）主要是对人性的根本性理解，是关于人们工作动力源的理论。一个是性本恶——X 理论，一个是性本善——Y 理论。对 X 理论和 Y 理论的概括，是美国心理学家道格拉斯・麦格里格（Douglas McGregor）在学术上最重要的贡献。面对纷繁复杂的管理界，麦格里格一针见血地指出，每个管理决策和管理措施的背后，都有一种人性假设，这些假设影响乃至决定着管理决策和措施的制定以及效果。

这是一对基于两种完全相反假设的理论，X 理论认为人们有消极的工作源动力，而 Y 理论则认为人们有积极的工作源动力。

X 理论假设：一般人的本性是懒惰的，工作越少越好，可能的话会逃避工作。大部分人对集体（公司，机构，单位或组织等）的目标不关心，因此管理者需要以强迫、威胁、处罚、指导、金钱利益等诱因激发人们的工作源动力。一般人缺少进取心，只有在指导下才愿意接受工作，因此管理者需要对他们施加压力。

Y 理论假设：人们在工作上体力和脑力的投入就跟在娱乐和休闲上的投入一样，工作是很自然的事——大部分人并不抗拒工作。即使没有外界的压力和处罚的威胁，他们一样会努力工作以期达到目的——人们具有自我调节和自我监督的能力。人们愿意为集体的目标而努力，在工作上会尽最大的努力，以发挥创造力和才智——人们希望在工作上获得认同感，会自觉遵守规定。在适当的条件下，人们不仅愿意接受工作上的责任，还会寻求更大的责任。许多人具有相当高的创新能力去解决问题。在大多数的机构里面，人们的才智并没有充分发挥。

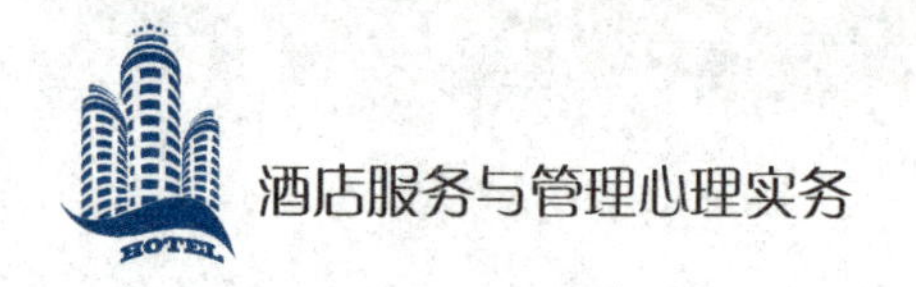

持X理论的管理者会趋向于设定严格的规章制度，以减低员工对工作的消极性。

持Y理论的管理者主张用人性激发的管理，使个人目标和组织目标一致，会趋向于对员工授予更大的权力，让员工有更大的发挥机会，以激发员工对工作的积极性。在适当的条件下，一般人不仅能够学会接受任务，而且能够学会承担责任。在解决工作问题时，大多数人都具有运用创造力、想象力和智慧的能力。这种理论认为人的激励主要来自于内激励。

作为一位酒店的管理者，如何灵活运用麦格里格的X理论和Y理论来指导员工的激励管理？

目前，酒店的管理者或倾向于X观点，或倾向于Y观点，但多数管理者都不会持僵化的X观点或Y观点，而是根据员工的表现对其进行评价并采取相应的管理对策，表现出较强的灵活性。

如果一个员工被认为是X理论所描述的人，则针对他的管理措施将会是强迫、控制、以惩罚相威胁等，这对一个人的发展是十分不利的。与此相反，如果一个员工被管理者评价为Y理论所描述的类型，那么该员工就会得到较多的尊重、信任和理解，与管理者的沟通和交流也会更加顺利，从而能够获得较多的发展机会。

对酒店工作人员而言，努力成为一个Y理论所描述的人，不仅能够使自己成为一个受酒店欢迎和重视的员工，也能够获得更好的发展空间。

要成为一个自我激励的员工，首先要培养对工作的兴趣和胜任工作的信心。兴趣和信心又与工作技能有关，也就是说，一个人对某些活动的胜任程度越高，对从事这样的活动就会越感兴趣，越有信心。因此，酒店工作人员努力提高服务技能，对于兴趣的培养和信心的建立是大有帮助的。

自我激励的员工更看重自己在工作中发挥的作用，并体验工作成就感。努力在工作中发挥自己的聪明才智，有利于得到自我赏识，会提高成就感。在工作中体会到成就时，可以激励自己更加努力工作。

从工作中的小任务着手，把自己胜任的工作完成好，自信心、成就感就容易建立。然后，以此为出发点，把其他相对容易的事情做出色，自信心和成就感就容易得到保持和发展。

一般来说，自我激励的培养还与管理者的风格相关，而一个酒店的总体管理风格是很难改变的。通过把小事情做好，并注重与管理者和同事的人际关系协调，有助于自激励的建立。此外，努力发现和发挥自己的优点，也是建立自信心、进行自我激励的好方法。

小店老板的困惑

一个正在路边小店吃面的客人跟小店老板聊天，谈及如今的生意，老板感慨颇多，说他曾经辉煌过，那是兰州拉面最红的时候，他在闹市口开了家拉面馆，日进斗金啊！后来却不做了。

"为什么呢?"客人问。

"现在的人心眼太多，"老板说，"我当时雇了个会做拉面的师傅，但在工资上总也谈不拢。开始的时候为了调动他的积极性，我们是按销售量分成的，一碗面给他5毛钱提成，经过一段时间，他发现客人越多他的收入也越多，这样一来他就在每碗里放超量的牛肉来吸引回头客。一碗面才4块钱，本来就靠薄利多销，他每碗多放几片牛肉我还赚什么钱呀!"

"后来看看这样不行，钱全被他赚去了，我就换了分配方式，给他每月发固定工资，工资给高点也无所谓，这样他也不至于多加牛肉了吧，因为客多客少和他的收入没关系。没想到的是，他在每碗拉面里都少放许多牛肉，把客人都赶走了。"

正在吃面的客人疑惑了："为什么呀?"

老板无奈地摇摇头说："牛肉分量少，顾客就不满意了，回头客少，生意清淡了他的工作就轻松了，反正工资也不少一分。"

最后这个小老板只好关了那个拉面馆，在路边开起了这个夫妻小店。

思考：如果你是这个老板，你会采取怎样的管理措施？这个案例对酒店的员工管理有何启示？

三、激励的原则

（一）目标结合的原则

组织内存在着组织的目标、部门的目标、长远的目标、短期的目标；员工存在着不同类型、不同阶段、不同性质的目标。激励工作成功的关键在于，使组织内部的、员工之间的、组织与员工的目标协调一致。因此，在目标设置时，必须兼顾到组织发展和员工需要两个方面的问题，使员工认识到自己所做的工作具有的意义，与自己近期目标和长远目标有怎样的关系，使之能自觉按组织目标努力。

（二）物质激励与精神激励相结合

物质可以提供基本的生活保障，但不是生活的全部，也不代表员工所有的需要。马斯洛认为基本的生理需要只是人需要系统中较为低层次的需要，人有更高层次的需要，即得到别人的尊重、良好的人际关系等。因此 在管理中应将物质激励作为基础，精神激励作为内动力，使两者有机结合，逐步过渡到以精神激励为主。

（三）有效性原则

首先，激励的措施要适度。根据设定的具体目标的价值来确定奖励的价值，既不能使员工感到轻易获得，也不能使员工感到无望。其次，激励要把握好时机和频率，视情况采用连续性或间歇性的激励，并且做到公平、公开。

四、调动员工积极性的方法

（一）目标激励法

分析市场形势，认清酒店的生存环境，让每位员工都知道酒店的战略发展目标，从酒店的美好前景中得到鼓舞和激励。

使用目标激励法要注意以下三点：一是目标要具体，表述不能含糊；二是让员工参与到目标制订的过程中，使组织目标与员工需要相结合，让每位员工看到自己的价值和责任；三是目标难度适中，过难或过易都不利于激励积极性；四是目标过程中要及时反馈，帮助员工及时总结工作经验和教训，保持行动始终指向目标。

（二）物质激励法

通过满足个人物质利益的需求来调动个人完成工作目标的积极性，这里主要指工资福利制度，包括工资、奖金、各种保险、住房补贴、进修学习费用、休假等。

（三）角色激励法

角色激励法又称责任激励法，即让员工明确自己的责任，形成重任在肩的态势，通过责任感激发员工的工作积极性。

（四）竞争激励法

竞争激励法又称荣誉激励法，利用青年人争强好胜的心理，经常开展竞赛活动，让优胜者得到奖励。

（五）榜样激励法

在员工中发现、培养和树立典型，用榜样的力量激励员工。

（六）情感激励法

要求管理人员关怀自己的部属，尽力为员工着想和排忧解难，树立人本思想，在管理过程中做到关心、沟通、帮助。

（七）惩罚激励法

对员工采取惩罚激励法是一种负强化，其目的是对某种行为给予否定和惩罚，使行为人和其他员工从中得到教训，比如批评、换岗、撤职、减免奖金和工资、赔偿、辞退等。

作业3-4：

深入理解以上这些方法，针对下列情况分别采取哪种（哪几种）方法将更有效激发员工的积极性？

1. 你班组新招聘了几位下岗女工做客房。
2. 你班组新招聘了几位大学生做 VIP 房的服务。
3. 你发现你班组员工小冯最近常常上班迟到，并抱怨工作枯燥无味。
4. 同事们反映你班组员工小胡一贯工作马虎，还常偷懒，对客人的态度也很不好。
5. 酒店投入了千万元重新装修，准备十二月份参评五星级酒店，对员工也提出了更高的要求。

学习评价

项目名称	评价要求	满分	小组评分	老师评分
考勤及仪容仪表	按时签到，仪容仪表符合规范	10		
团队的概念及其功能分析	深入理解团队的含义，能正确叙述团队功能	20		

（续表）

项目名称	评 价 要 求	满分	小组评分	老师评分
团队管理分析	积极参与小组讨论，认真记录讨论内容，分析案例，能准确叙述从案例中得到的启示	25		
员工激励分析	认真查阅资料，了解著名的激励理论，能准确叙述员工激励的有效措施	25		
领导心理分析	深入理解企业领导的素质要求，能较准确地叙述认知内容	20		
总分		100		
评价人：				学员：

上网查阅企业文化的概念，并分析企业文化心理对酒店管理的意义。

参考文献

[1] 周耀进，齐丹. 酒店服务心理学[M]. 上海交通大学出版社，2012.

[2] 丁钢. 饭店服务心理学[M]. 中国劳动社会保障出版社，2006.

[3] 王赫男. 饭店服务心理学[M]. 电子工业出版社，2009.

[4] 周丽. 酒店服务心理学[M]. 中国物资出版社，2014.

[5] 李晓文，张玲，周荣生. 现代心理学[M]. 华东师范大学出版社，2003.

[6] 汪红烨，王立亲，杜红梅. 旅游心理学[M]. 上海交通大学出版社，2011.

[7] 臧良运. 消费心理学[M]. 电子工业出版社，2007.

[8] 陈楠，王茹，吴辉球. 旅游心理学[M]. 北京理工大学出版社，2011.

[9] 庄静. 旅游心理服务与技巧[M]. 中国劳动社会保障出版社，2009.

[10] 来逢波. 旅游心理学[M]. 北京师范大学出版社，2011.

图书在版编目(CIP)数据

酒店服务与管理心理实务/谢永健主编. —上海：复旦大学出版社,2018.9(2020.6 重印)
(复旦卓越. 21 世纪酒店管理系列)
ISBN 978-7-309-13800-9

Ⅰ. ①酒… Ⅱ. ①谢… Ⅲ. ①饭店-商业企业管理-教材 Ⅳ. ①F719.2

中国版本图书馆 CIP 数据核字(2018)第 160682 号

酒店服务与管理心理实务
谢永健 主编
责任编辑/谢同君

复旦大学出版社有限公司出版发行
上海市国权路 579 号 邮编：200433
网址：fupnet@fudanpress.com http://www.fudanpress.com
门市零售：86-21-65102580 团体订购：86-21-65104505
外埠邮购：86-21-65642846 出版部电话：86-21-65642845
大丰市科星印刷有限责任公司

开本 787×1092 1/16 印张 10.5 字数 201 千
2020 年 6 月第 1 版第 2 次印刷

ISBN 978-7-309-13800-9/F·2481
定价：28.00 元
